Karl Heinz Däke
Die Milliarden-Verschwender

KARL HEINZ DÄKE

DIE
MILLIARDEN
VERSCHWENDER

WIE BEAMTE, BÜROKRATEN UND BEHÖRDEN UNSERE STEUERGELDER ZUM FENSTER HINAUSWERFEN

HEYNE ‹

Verlagsgruppe Random House FSC-DEU-0100
Das für dieses Buch verwendete FSC®-zertifizierte Papier
EOS liefert Salzer Papier, St. Pölten, Austria.

© 2012 by Wilhelm Heyne Verlag, München,
in der Verlagsgruppe Random House GmbH
Umschlaggestaltung: Hauptmann & Kompanie
Werbeagentur, Zürich
Redaktion: Silwen Randebrock
Satz: EDV-Fotosatz Huber/Verlagsservice G. Pfeifer, Germering
Druck und Bindung: GGP Media GmbH, Pößneck
Printed in Germany 2012
ISBN 978-3-453-20022-7
www.heyne.de

Für meine Frau
Barbara Camilla Tucholski

INHALT

VORWORT

Immer wieder bin ich gefragt worden, was für mich ausschlaggebend gewesen sei, mich so vehement und so lange für den Kampf gegen die Verschwendung von Steuergeldern einzusetzen. Ehrlich gesagt habe ich mich das auch oft gefragt. Eines Tages glaubte ich eine Antwort gefunden zu haben. Ich erinnerte mich an folgende Begebenheit.

Ich muss so um die neun oder zehn Jahre alt gewesen sein, als ich von meinem kleinen Zimmer aus dem Fenster schaute, von wo ich einen guten Blick auf eine in einiger Entfernung liegende Werkshalle hatte. Dazu muss man wissen, dass diese Werkshalle zu einer Fabrik gehörte, in der mein Großvater, mein Vater, der 1945 in russischer Kriegsgefangenschaft starb, und ein Teil weiterer Familienangehöriger führende Positionen innehatten. Wir verdankten dem Unternehmen also nicht nur unseren Lebensunterhalt, sondern waren auch darüber hinaus an dessen Wohlergehen höchst interessiert.

Nun sah ich, dass am helllichten Tage an der Werkshalle völlig unnützerweise eine Lampe brannte! Ich war empört über diese Vergeudung von – heute würde man sagen – Ressourcen. Ich beschloss, beim damaligen Direktor der Fabrik vorstellig zu werden, und ging schnurstracks zu dem Verwaltungsgebäude der Fabrik, wo ich dem Pförtner sagte, dass ich Herrn Direktor K. unbedingt sprechen müsse. Der Pförtner fragte mich, wer ich denn sei, und ich antwortete stolz: »Ich bin Karl Heinz Däke, der Enkel des ehemaligen Direktors Carl Däke.« Was ich denn von Herrn Direktor K. wolle, fragte mich der Pförtner. Ich müsse ihn in einer wichtigen Werksangelegenheit sprechen, antwortete ich. »Ja, wenn das so ist, werde ich mal nachfragen, ob er jetzt Zeit für dich hat«, sagte der Pförtner und griff zum Telefon. Das Ergebnis seines für mich geheimnisvollen Telefonats: »Ja, Herr K. bittet dich, zu ihm zu kommen.«

Ich stieg, vom Pförtner begleitet, eine breite Treppe in den ersten Stock des Gebäudes hinauf und landete schließlich im Zimmer des Direktors. »Na, mein Junge, was kann ich denn für dich tun?«, fragte er mich. Aufgeregt erzählte ich von meiner Beobachtung und fügte hinzu, dass das doch nicht ginge, es koste doch schließlich Geld usw. Direktor K. versprach mir, sofort dafür zu sorgen, dass das Licht ausgeschaltet werde und konstatierte, ich träte ja schon sehr früh in die Fußstapfen meines Großvaters.

Als ich nach Hause kam, schaute ich aus meinem Fenster, und siehe da: Die Lampe brannte nicht mehr. Stolz erzählte ich das meiner Mutter. Aber deswegen hätte ich doch nicht gleich zu Direktor K. gehen müssen, sagte sie. Meine Antwort darauf: »Zu wem denn sonst?«

Vielleicht ist diese Kindheitserinnerung heute noch ausschlaggebend dafür, dass ich mich ärgere, wenn ich tagsüber Straßenlaternen erleuchtet sehe. Und vielleicht ist in der Nachkriegssituation der Ursprung meiner Achtsamkeit zu sehen. Bei uns zu Hause war, aus der Not geboren, strengste Sparsamkeit geboten.

Als ich nach meinem Studium der Volkswirtschaftslehre an der Universität zu Köln dann 1969 meine erste Stelle als Vorstandsassistent beim Bund der Steuerzahler Nordrhein-Westfalen e.V. antrat, ahnte ich nicht, dass man mir eine Frage immer wieder stellen würde: »Fühlen Sie sich nicht wie ein Don Quijote, der vergebens gegen die Verschwendung von Steuergeldern zu Felde zieht?«

Die in dem Wort »vergebens« liegende Wertung aller Bemühungen, die Verschwendung von Steuergeldern zu verhindern, mag verständlich erscheinen, wenn man Jahr für Jahr der Presse entnehmen muss, dass wieder Steuergelder für sinnlose Projekte ausgegeben wurden. Dass es wieder zu eklatanten Baukostenüberschreitungen gekommen ist, überteuerte Anschaffungen gemacht wurden oder dass Fehlplanungen, Prunk, Protz und Gedankenlosigkeit im Umgang mit Steuergeldern zu massiven Verstößen gegen den Grundsatz der Sparsamkeit und Wirtschaftlichkeit im Umgang mit Steuergeldern geführt haben.

Auch wurde ich oft gefragt, wie ich es psychisch verkraften könne, immer wieder die Verschwendung von Steuergeldern aufzudecken und zu veröffentlichen. Diese Frage ist berechtigt, denn in der Tat beschlich mich so manches Mal ein Gefühl der Ohnmacht. Doch auf der anderen Seite konnte ich im Laufe der Jahre feststellen, dass sich etwas veränderte. In Rathäusern, Amtsstuben, Ministerien und Parlamenten nahm die Sorge, im Schwarzbuch des Bundes der Steuerzahler, *Die öffentliche Verschwendung*, genannt zu werden, zu. Der Satz: »Wir fürchten das Schwarzbuch wie der Teufel das Weihwasser« machte seine Runde. Zwar konnte damit nicht verhindert werden, dass weiterhin Steuergelder verschwendet wurden, doch eine gewisse präventive Wirkung ist dem Schwarzbuch heute nicht mehr abzusprechen.

Trotzdem hat mir die jährliche Arbeit am Schwarzbuch keine echte Freude, geschweige denn Befriedigung verschafft, auch wenn es ein Teilerfolg ist, dass die Vergeudung von Steuergeldern in der Öffentlichkeit von Jahr zu Jahr mehr Beachtung findet. Schöner wäre es für mich gewesen, wenn wir uns eines Tages entschieden hätten, kein Schwarzbuch mehr herauszugeben – aus Mangel an Beispielsfällen. Leider musste ich Jahr für Jahr ankündigen: »Das nächste Schwarzbuch kommt bestimmt.«

Manche nannten mich einen Masochisten oder glaubten, ich müsse doch eigentlich schlaflose Nächte haben. Mag sein, dass man das so sehen kann. Aber es wurde mir immer wieder zugetragen, dass in Gremien, die über die Verwendung öffentlicher Mittel für bestimmte Projekte zu entscheiden hatten, der Satz gefallen sein soll: »Wenn das der Bund der Steuerzahler erfährt, kommen wir bestimmt ins Schwarzbuch. Also lassen wir es.« Das gab Kraft und Zuversicht. Ebenso wichtig war die Wirkung des Kapitels »Verschwendung droht«, in dem sich anbahnende Verschwendungen angeführt werden. Oft hat die Aufnahme solcher Fälle in das Schwarzbuch ein Umdenken bewirkt, und geplante Maßnahmen wurden daraufhin gestrichen.

Manche der häufigen, mehr oder weniger abwertenden Äußerungen zeugen eher vom Fatalismus der Sprecher als von dem des Bundes der Steuerzahler: »Bei den Beispielen, die im Schwarzbuch angeführt werden, ist doch das Kind immer schon in den Brunnen gefallen.« Daran ist natürlich etwas. Aber allein die Tatsache, dass solche Vorfälle nicht in Vergessenheit geraten, sondern manchmal auch nach längerer Zeit noch öffentlich angeprangert werden, macht ihre Erwähnung im Schwarzbuch wertvoll.

Am schlimmsten traf mich der von Zeit zu Zeit erhobene Vorwurf, ich schüre mit dem Schwarzbuch Politikverdrossenheit oder fördere sogar Steuerhinterziehung. Interessanterweise kamen derartige Bemerkungen meistens vonseiten der gerade Regierenden. In diesem Zusammenhang wurden wir häufig als »selbsternannte Steuerwächter« bezeichnet, die, ohne dazu legitimiert zu sein, staatliches Handeln oder Unterlassen kontrollierten. Je öfter derartige Bemerkungen fielen, desto dicker wurde jedoch das Fell, das ich mir zulegte. Und ich wurde von denjenigen bestärkt, die in der außenparlamentarischen Kontrolle einen wichtigen Beitrag zur Demokratie sahen.

Auch heute noch bin ich davon überzeugt, dass die Verschwendung von Steuergeldern kein notwendiges Übel darstellt, das man wie ein Naturereignis einfach hinnehmen sollte. Nach wie vor erscheint es mir möglich, etwas zu verändern. In erster Linie vielleicht die Haltung derer, die für den Umgang mit dem Geld verantwortlich sind. Im Jahr 2012, 18 Jahre nach Beginn meiner Amtszeit als Präsident des Bundes der Steuerzahler, hat sich die Situation der öffentlichen Haushalte dramatisch verschlechtert. Kaum ein Zeitungsleser kommt angesichts der internationalen Finanzkrise noch um Meldungen herum, die früher im Wirtschaftsteil versteckt waren und somit leicht übersprungen werden konnten. Damit verändert sich das öffentliche Bewusstsein. Vor allem ist es heute mehr denn je zu einer existentiellen Frage geworden, ob wir es schaffen, unsere Haushaltpolitik in den Griff zu bekommen. Viele Politiker reagieren genervt, manchmal sogar aggressiv auf die Publikationen des Bundes der Steuerzahler. Damit zeigen sie jedoch nur, dass unsere Gesellschaft diesen Mahner als finanzpolitisches Gewissen braucht.

1 GESELLSCHAFT IM ÜBERFLUSS?

DIE GESICHTER DER VERSCHWENDUNG

Kennen Sie die Oper von Sydney? Sie gilt als eines der Wahrzeichen der australischen Metropole, gehört zum Nationalen Kulturerbe Australiens, dem UNESCO-Weltkulturerbe und zum Kulturkanon Dänemarks – wegen ihres dänischen Erbauers Jørn Utzon. Kaum ein architektonisches Meisterwerk kann sich mit so vielen Lorbeeren schmücken. Sydney hat es mit diesem Gebäude unter die Top Ten der Weltrangliste geschafft. Doch erinnern Sie sich noch an den Skandal, der mit dem Bau der Oper einherging? Die ursprünglich veranschlagten Kosten von 3,5 Millionen britischen Pfund waren bis zur Fertigstellung des Gebäudes um das beinahe 15-fache auf 50 Millionen Pfund gestiegen. Der Termin der Eröffnung musste um acht Jahre, von 1965 auf das Jahr 1973 verschoben werden. Der Architekt hatte in der Zwischenzeit wütend das Land verlassen, um es nie wieder zu betreten wegen einer Auseinandersetzung, die auf höchster politischer Ebene und in aller Öffentlichkeit mit der australischen Regierung unter Premier Robert Askin ausgetragen wurde. Es mussten andere Architekten gefunden werden, die das Werk vollendeten. Heute ist die Sydney Opera das bisher vielleicht schönste Gesicht, das jemals aus einem öffentlichen Bauskandal hervorgegangen ist.

Die Fälle von Verschwendung, die der Bund der Steuerzahler aufdeckt und in verschiedenen Publikationen dokumentiert, sind gewöhnlich weniger spektakulär. Da werden Straßen asphaltiert und wenig später wieder aufgerissen, weil man vergessen hatte, eine wichtige Leitung zu legen. Es werden Buslinien eingerichtet, Wartehäuschen gebaut, Fahrpläne erstellt und wenig später just diese Linien aus dem Verkehrsnetz gestrichen.

Immer wieder enthüllen haarsträubende Beispiele, wie gegen den Grundsatz der Pflicht zur sparsamen und wirtschaftlichen Haushaltsführung verstoßen wird. Und immer wieder fragen sich Leser, Zuhörer und Zuschauer: Wie konnte es nur dazu kommen?

Die öffentliche Verschwendung hat zahlreiche Gesichter. Geradezu in Stein gemeißelt zeigt sie sich in überdimensionierten Bauvorhaben, deren Kosten schon beinahe gesetzmäßig außer Kontrolle geraten. Doch meist hält sie sich versteckter. Mal sind es Reisen von Politikern oder Beamten, deren Zweck sich als fadenscheiniger Vorwand entpuppt, mal ist es Prestigedenken, das zu überflüssigem Prunk und Protz führt; es sind Mängel im Beschaffungswesen oder die Folgen der Mischfinanzierung. Eitelkeit, Verantwortungslosigkeit, eine Es-ist-ja-mein-Geld- oder aber eine Es-ist-ja-nicht-mein-Geld-Mentalität kennzeichnen das Verhalten der Akteure. Die Folgen ihres Handelns drücken sich in Zahlen aus. Der Bund der Steuerzahler hat es sich zur Aufgabe gemacht, dieses Gebaren öffentlich zu machen. Dabei gibt es immer wieder neue Versuche, die aufgedeckten Fälle von Verschwendung zu ordnen. Und so seien auch hier zunächst einige »Kategorien« vorgestellt: typische Bereiche, in denen es seit Jahrzehnten immer wieder zu unnötigen, überflüssigen, sinnlosen Ausgaben kommt.

Kostenexplosionen

Der Minister einer Landesregierung gestand mir in einem Gespräch seine Überzeugung: »Die öffentliche Hand kann nicht bauen.« Damit brachte er eine Form der Steuergeldverschwendung auf den Punkt, die sich seit Jahrzehnten hartnäckig hält, trotz aller Mahnungen und den damit immer wieder einhergehenden öffentlichen Skandalen. Ganz gleich, wo man hinschaut: Beim Bau von Hallenbädern, Kongresszentren, Theatern oder Rathäusern wird der ursprünglich geplante und verabschiedete Kostenrahmen nur in den seltensten Fällen eingehalten. Traurige Höhepunkte sind Projekte wie die Elbphilharmonie in Hamburg, bei der die ursprünglich kalkulierte Finanzierung völlig aus dem Ruder gelaufen ist. Die anfänglich veranschlagten 114 Millionen sind bereits auf 460 Millionen angewachsen – und noch ist die Philharmonie nicht fertig. Oder der neue Flughafen Berlin/Brandenburg, bei dem die Kosten von 2,4 Milliarden auf 2,99 Milliarden gestiegen sind. Allein das neue Fluggastterminal wurde doppelt so teuer wie geplant und schlägt anstelle von 630 Millionen Euro mit 1,3 Milliarden zu Buche. Und diese Zahlen, die Ende Mai 2012 in der Presse zu lesen waren, wurden einen Monat später schon wieder nach oben korrigiert. Im *Tagesspiegel* vom 22.6.2012 heißt es: Berlin, Brandenburg und der Bund als Eigentümer des Flughafens stellten sich fest darauf ein, »dass der bisherige 3,4-Milliarden-Etat etwa um eine Milliarde Euro überschritten wird«.

Längst, so scheint es, haben wir uns an die Kostenexplosionen bei öffentlichen Bauten gewöhnt. So wird, was der Normalfall sein sollte, zur Sensationsmeldung: wenn der Kostenrahmen bis zum vollendeten Abschluss eines Bauprojektes einmal eingehalten werden konnte.

Auf die meisten Fälle passt leider die zugespitzte Formulierung: Wo die öffentliche Hand ein Gebäude errichtet, ist die Fehlplanung Teil des Programms. Wenn die Versprechen, die Politiker vor Wahlen abgeben, schon wenig vertrauenerweckend klingen, so gilt für viele Finanzierungspläne von öffentlichen Bauvorhaben ganz gewiss: Sie sind nicht ernst gemeint, sondern dienen dem Schein. Denn sehr oft werden die Kosten öffentlicher Bauten im Planungsstadium bewusst niedrig gehalten, um so die erforderliche politische Zustimmung zu erhalten. Die wahren Kosten treten meist erst zutage, wenn die Fundamente des Vorhabens bereits in Beton gegossen sind. Für den Stopp ist es dann schon zu spät. Die Waffe des öffentlichen Widerstands, der regelmäßige heftige Protest, den Meldungen über Mehrkosten hervorrufen, ist längst entschärft, denn es wurden ja bereits Fakten geschaffen. Zähneknirschend wird den Mehrkosten zugestimmt, da ein abgeschlossenes Projekt, und sei es noch so teuer, besser aussieht als der meist ebenso kostspielige Abbruch, bei dem das schon investierte Geld sprichwörtlich verbrannt würde. Schulden sieht man nicht, und das öffentliche Bewusstsein vergisst schnell. Wer erinnert sich noch an die Skandale, die die Bauphase über Jahre begleiteten – an Sydney oder die Olympischen Spiele in München? Wer wird sich im Jahr 2023 daran erinnern, was der Flughafen »Willy Brandt«, das neue Prestigeprojekt der Stadt Berlin, gekostet hat?

Unvergessen ist für mich ein Gespräch mit der damaligen Bundestagspräsidentin Rita Süssmuth. Es ging um den Umbau des Reichstages in Berlin für den Bundestag. Als ich erwähnte, man könne davon ausgehen, dass die geplanten Baukosten nicht eingehalten würden, hielt sie mir entgegen, die Kosten seien »gedeckelt« und dürften nicht überschritten werden. Ich wies darauf hin, dass es aufgrund der zu erwartenden neuen Tarifabschlüsse zwangsläufig zu steigenden Baukosten kommen müsse und dass diese bei den Bauplanungen sicher nicht berücksichtigt worden seien. Erstaunt wandte Frau Süssmuth sich an einen am Gespräch teilnehmenden Referenten, der ihr dies bestätigte.

Natürlich gibt es neben den Spielregeln der Politik weitere Gründe für die nicht abreißende Kette öffentlicher Bauskandale. Im Gegensatz zur privaten Wirtschaft fehlt in der öffentlichen Finanzwirtschaft die Korrektur durch den Markt. Anders als in der Privatwirtschaft führt das Versagen im Dienste der allgemeinen Öffentlichkeit nicht zu Pleiten oder Konkursen und damit zum Wegfall von Arbeitsplätzen oder gar zum Verlust von Vermögen bei denjenigen, die für die Fehlentwicklungen verantwortlich sind. Die Handelnden wägen sich in der Sicherheit, dass der Ärger, der sich aus ihrem Fehlverhalten bisweilen ergibt, spurlos an ihnen vorübergeht, solange sie nur kaltblütig genug sind, ihn einfach auszusitzen. Noch, muss man inzwischen sagen, angesichts der Tatsache, dass uns seit 2010 täglich der Konkurs mehrerer europäischer Länder vor Augen steht.

Reisen von Politikern

Reisen im Zeichen des Dienstes am Steuerzahler erweisen sich bisweilen als ein Dienst vom Steuerzahler. Lange Zeit waren Reisen von Politikern im Fokus der Kritik, die offenbar mehr touristische als politische Ziele verfolgten. Ein Mitglied des Beraterstabes der amerikanischen Regierung, der als Experte für Deutschland zuständig war, stellte fest, dass die Bundesrepublik dreimal so viele Gäste auf »Informationsreisen« in die Vereinigten Staaten schickte wie alle übrigen europäischen Länder zusammen. So wird es im ersten Schwarzbuch von 1973 berichtet.

Wie das Denken damals (und manchmal auch heute noch) funktionierte, lässt sich am Beispiel der Stadt Nassau an der Lahn veranschaulichen. Sie hat einen Namensvetter, eine Stadt Nassau, die sich auf den Bahamas befindet. Als eine Delegation aus Nassau/Bahamas 1981 im Anschluss an die Internationale Tourismus-Börse in Berlin einen Abstecher nach Nassau an der Lahn machte, hatte man endlich den erforderlichen Vorwand für eine Dienstreise auf die Bahamas – denn nun konnte eine Gegeneinladung angenommen werden. Doch wer darf fahren? Wir wissen nicht, nach welchen Kriterien die nassauische Gesandtschaft zusammengestellt wurde, doch am Ende flogen neben dem Landrat Hanns Kraemer die Leiter des Verkehrsamts, des Referats Fremdenverkehr und der Mittelrhein-Weinwerbung. Als »ehrenamtliche Begleiterinnen« – ein Ehrenamt, dessen sich wohl jeder gerne rühmen würde! – wussten die Herren der Delegation sich mit repräsentativen Damen zu schmücken: Die »Loreley« ist, ähnlich wie die pfälzischen Weinköniginnen und -prinzessinnen, eine Repräsentantin der Region. Lag es da nicht nahe, dass die damalige Weinprinzessin Gudrun Michel und die »Loreley« Ingrid Klein ein Stück vom Glanz der Stadt Nassau auf die Bahamas trugen?

Gegen Reisen ist nichts einzuwenden, solange sie zweckmäßig sind. Das Prinzip, das in den 1970er- und 1980er-Jahren besonders verbreitet war, schien aber zu lauten: Suche dir ein Ziel und finde einen Anlass, den du in die Reisekostenabrechnung schreiben kannst. Der Wirtschaftsförderungsausschuss der Stadt Dortmund etwa gab als Anlass für einen Besuch Großbritanniens einfach »Gedankenaustausch« an. Kostenpunkt: 10 000 Euro. Gedanken können nicht nur frei, sondern auch teuer sein! In Sindelfingen erklärte man die Ausflüge von fünf Stadträten und vier Verwaltungsleuten für 17 165 Mark nach Polen, Skandinavien und in die UdSSR als »kommunalpolitische Studienfahrt«. Wie gesagt, Fantasie war gar nicht gefragt. 36 Mitglieder des Europäischen Parlaments flogen zu einem Treffen mit Mitgliedern des Andenparlaments nach Bogotá. Wozu das Treffen dienen sollte? Was war der Anlass dafür? Was der Inhalt des Austauschs mit den Kolumbianern? Warum genau sein, wenn es auch großzügig geht! »Erörterung des Nord-Süd-Gefälles«, so lautete die Formulierung. Im Gefolge der 36 Parlamentarier reisten 67 Dolmetscher und Sekretärinnen.

Natürlich wollte man sich den südamerikanischen Gastgebern gegenüber mondän zeigen, und so spendierte die Parlamentspräsidentin Simone Veil einen Empfang mit 300 Gästen, bei dem Champagner zum Preis von 244 Mark die Flasche gereicht wurde. Am Ende standen 1,25 Millionen Mark unter der Reisekostenabrechnung. Was nicht allein am Champagner lag. Sierra Leone, Moskau, Helsinki – die Welt hat viel Sehenswertes zu bieten. Doch je weiter das Ziel, desto beschwerlicher der Weg. Deshalb reiste man in der Regel erster Klasse.

Aber die Zeiten ändern sich. In den Publikationen des Bundes der Steuerzahler (seit 1973 die Schwarzbücher oder die Monatsschrift *Der Steuerzahler*) wird eine Entwicklung deutlich, die, wie ich denke, auch ein Ergebnis unserer Arbeit ist, die aber vor allem auf das Konto politischer Veränderungen geht. Seit den 1990er-Jahren tauchen in den täglichen Meldungen der Medien immer häufiger die Wörter »Sparen« und »Schulden« auf, mit all ihren Wasserträgern: dem Haushaltsdefizit, dem Haushaltsloch, der Sparmaßnahme, der Steuerreform, und mit immer bunter werdenden Metaphern – vom enger zu schnallenden Gürtel über die Schuldenbremse bis zur »Dicken Bertha«, mit der eine »Kanone« von Geld bezeichnet wurde, die die Europäische Zentralbank (EZB) im Februar 2012 zum Löschen all der in Europa ausgebrochenen Finanzkrisenbrandherde abfeuerte. Doch auch wenn touristische Unternehmungen längst nicht mehr so unverdrossen als Dienstreisen kaschiert werden, gab und gibt es immer noch genügend Fälle, an denen ich Anstoß nehme. Mitte der 1990er-Jahre etwa schlug die Benutzung der Flugbereitschaft der Bundeswehr für Reisen von hochrangigen Politikern, die mehr privaten als politischen Zwecken dienten, hohe Wellen. Einen gewissen Unterhaltungswert hatte der Eklat um den Dienstwagen der ehemaligen Gesundheitsministerin Ulla Schmidt, der nur ans Licht kam, weil das Fahrzeug während ihres Urlaubs, nein, falsch, während ihrer Dienstreise nach Spanien geklaut wurde. Zwei, drei offizielle Besichtigungstermine vor Ort reichten aus, um den Fall dennoch juristisch unangreifbar zu machen. Denn das immerhin haben wir erreicht: Man ist vorsichtiger geworden.

Mischfinanzierung

Jeder, der Steuern zahlt, insbesondere aber Selbstständige und Unternehmer, kennt folgenden Grundsatz: Es ist besser, einen möglichst großen Teil des Gewinns zum Nutzen des Unternehmens zu investieren, als ihn in Form von Steuern abzuführen. Es ist besser, in den Dienstwagen, in Büromöbel, das Geschäftshandy, den Zweitlaptop und das iPad zu investieren, als das hart verdiente Geld dem Staat zu überlassen. Natürlich sind Ausgaben in Ordnung, solange sie zweckmäßig sind; doch leider führt die Einstellung »bloß nichts dem Staat« schon im Bereich des Privaten zu einem bisweilen merkwürdigen Finanzgebaren. Und was im Kleinen für jeden Einzelnen gilt, gilt auch im Großen. Auf diese Weise ist das Grundprinzip jeder Ökonomie – jeden Haushaltens, um den griechischen Ausdruck wörtlich zu übersetzen – auf den Kopf gestellt: Was Mittel zum Zweck sein sollte – das zur Verfügung stehende Geld – wird selbst zum

Zweck, für den es neue Mittel zu finden gilt. Dieser neue, umgekehrte Zweck besteht in dem Ziel, Geld um des Geldes willen auszugeben, und dies nicht nur im Privaten.

Im Bereich der öffentlichen Mittel sind es die sogenannten Fördertöpfe, die Anreize zu oft sinnlosen Investitionen schaffen. Geld, das vom Land, vom Bund oder von der EU zur Verfügung gestellt wird, dessen genaue Verwendung jedoch durch allgemein gehaltene Förderrichtlinien festgelegt ist. Dieses System der Fördertöpfe und -richtlinien bringt es mit sich, dass Projekte entweder nur erdacht werden, um Geld aus diesen Quellen abzuschöpfen, oder dass geplante Projekte im Sinne der Förderrichtlinien erweitert werden. Das Geld dient dann nicht der optimalen Durchführung eines Vorhabens, sondern das Vorhaben dient der Beschaffung von Geld. So wird vielen Investitionen eine Dimension verpasst, die ihrem ursprünglichen Zweck gar nicht entspricht. Ein Aspekt dieses Phänomens ist die sogenannte Mischfinanzierung: Ausgaben, die von Bund, Ländern, Gemeinden oder der EU gemeinsam geplant und finanziert werden. Die Mischfinanzierung führt zu Mehraufwand, weil durch die Beteiligung zweier oder mehrerer Ebenen Doppel- oder Mehrfacharbeit erforderlich wird. Mischfinanzierungen sind eine »Quelle erheblicher Bürokratie«, kritisierte der Sachverständigenrat »Schlanker Staat« in seinem Abschlussbericht 1997. Doch das ist noch nicht alles. Bei Mischfinanzierungen müssen die geplanten Projekte den verschiedenen Vorgaben ihrer Geldgeber entsprechen. So kommt es häufig zu Erweiterungen oder Veränderungen, nur um alle Kriterien einzuhalten. Während jedoch die höheren Ebenen, also die EU oder der Bund, sich meist nur an der Finanzierungsplanung beteiligen, sind die Länder und Gemeinden zuständig für die Durchführung der Projekte. Auf diese Weise fallen Planungs- und Finanzierungshoheit auseinander – man könnte es das vorprogrammierte Chaos nennen. Die Aussicht, an das Geld aus irgendeinem Fördertopf zu kommen, scheint süchtig und gedankenlos zu machen, und so treibt die Kombination aus Fördergeldern und kommunalen Finanzen die kuriosesten Blüten.

Ein schönes Beispiel für die fragwürdigen Projekte, die auf diese Weise entstehen, bietet sich uns in Höxter. Wer dort auf dem Weserradweg unterwegs ist und am Kreuz der Radwege R1 und R99 anhält, um einen Blick zu wagen, sieht die Weser, die Weserauen und ein Gebäude am gegenüberliegenden Ufer. Nur ein paar Schritte weiter ragt eine 73 000 Euro teure Aussichtsplattform in die Weserauen hinein. Von dort sieht man – es ist kaum zu glauben – die Weser, die Weserauen und ein Gebäude am gegenüberliegenden Ufer.

Warum bedarfsgerecht und bescheiden bauen, wenn staatliche Zuschüsse das Gros der Kosten decken? So muss wohl auch die Devise des Planungsverbandes Gewerbepark Ilseder Hütte gelautet haben, der 2003 einen Zentralen Omnibusbahnhof (ZOB) errichtete. Mit technisch und architektonisch anspruchsvollen überdachten Wartezonen für Fahrgäste und Fahrräder sowie 14 Park-and-Ride-Plätzen ist der ZOB für die ländliche Gegend viel zu großzügig angelegt. Doch die Mischfinanzierung bot den Anreiz dazu: Die Gemeinden Ilsede und Lahnstadt zahlten 190 000 Euro, das Land Niedersachsen 300 000 Euro. Mit Sicherheit wäre die Haltestelle bedarfsgerechter und sparsamer ausgefallen, hätte die Gemeinde alleine die Finanzierung tragen müssen.

In trauriger Erinnerung ist mir ein anderes Beispiel. Es ging um den Bau eines Veranstaltungshauses in Lünen in Westfalen. Der findige Stadtkämmerer hatte sein Auge auf Zuschüsse vom Land geworfen, die er für einen mit zirka 6 Millionen Mark geplanten Bau nutzen wollte. Die Mittel des Landes wurden unter Auflagen zugesagt. Der Bau musste aber größer, komfortabler und vielfältiger verwendbar werden. Zufällig erfuhr ich davon, und so bot ich dem Kämmerer eine Wette an. Ich befürchtete, die veranschlagten Baukosten würden zu einem Fass ohne Boden, was der Kämmerer heftig bestritt. Für den Fall, dass die Baukosten eingehalten würden, versprach ich ihm, in aller Öffentlichkeit ein Fass mit einem festen Boden auf dem Marktplatz in Lünen aufzustellen. Sollten die Baukosten nicht eingehalten werden, würde ich ihm hingegen ein Fass ohne Boden hinstellen. Der Kämmerer ging auf die Wette ein.

Am Ende kostete der Bau alles in allem über 11 Millionen Mark, und so habe ich dem Kämmerer ein Fass ohne Boden überreicht. Ausschlaggebend waren die Auflagen des Landes, das die Zuschüsse nur gewähren wollte, wenn der Bau zu einem »Soziokulturellen Veranstaltungszentrum« gestaltet würde. Das wesentlich teurere Kind musste also noch einen neuen, besser klingenden Namen erhalten, damit die damit verbundenen erheblichen Mehrkosten gerechtfertigt werden konnten. Zwar berichteten Presse und Fernsehen über die symbolische Überreichung des Fasses. Zur Einweihungsfeier des Veranstaltungszentrums wurde ich jedoch nicht eingeladen.

Mängel im Beschaffungswesen

Im Jahr 2007 legte der Wissenschaftliche Beirat beim Bundesministerium für Wirtschaft und Technologie (BMWi) ein Gutachten zum »Öffentlichen Beschaffungswesen« vor. Darin kam er zu dem Schluss, dass Bund, Länder und Kommunen jährlich enorme Summen einsparen könnten, wenn sie ihren Einkauf effizienter organisieren würden. Das scheint zunächst trivialer, als es ist. Man sollte meinen, beim Einkauf gehe es immer darum, wirtschaftlich zu handeln. Da sind Angebote zu vergleichen, Kosten und Nutzen abzuwägen. Auch können größere Einkäufe gebündelt, der logistische Aufwand reduziert und Rabatte erzielt werden. In komplexen Institutionen und Verwaltungsapparaten wird es hier immer Einsparmöglichkeiten geben. Doch das Gutachten des Wissenschaftlichen Beirats beleuchtet einen besonderen Aspekt im öffentlichen Beschaffungswesen. Denn neben den wirtschaftlichen verfolgen die Einkäufer auch politische Absichten, die sogenannten »vergabefremden Ziele«. Ein Aspekt, der auch dem privaten Konsumenten nicht ganz fremd ist. Auch wir entscheiden uns zum Beispiel für den Kauf von Eiern, die nicht aus Massentierhaltung stammen. Damit handeln wir ebenfalls – aufgrund politischer oder gesundheitlicher Erwägungen – nicht streng wirtschaftlich, indem wir einen höheren Preis akzeptieren. Doch obwohl es bei den vergabefremden Zielen um vergleichbare Erwägungen geht, liegen die Dinge beim öffentlichen Einkauf nicht ganz so einfach. Denn die Zahl dieser Ziele, die sich die Politik verordnet hat, ist hoch und führt so zu einer komplexen Gemengelage aus Faktoren, die den

Einkauf bestimmen. Zu den wirtschaftlichen Überlegungen kommen hier Aspekte wie die Innovationsförderung, die Berücksichtigung von Umweltaspekten, Tariftreue, Mindestsozialstandards und die Förderung kleiner und mittlerer Unternehmen hinzu.

Zunächst spricht in der Tat vieles dafür, solche Aspekte zu bedenken. Schließlich geht es nicht an, dass öffentliche Aufträge einfach an den billigsten Wettbewerber abgegeben werden, ohne die Umstände zu berücksichtigen, die das Angebot so billig machen. Oder anders herum: Kann allein der günstige Preis es rechtfertigen, ein Produkt zu kaufen, selbst wenn man dadurch gegen die eigenen ethischen oder politischen Grundsätze verstößt? Wenn also die billigsten Pflastersteine von Kindern hergestellt werden, sollten wir sie dann kaufen, obwohl das Verbot von Kinderarbeit in Europa unstrittig ist?

Nachdem der *Spiegel*[1] im Jahr 2006 darauf aufmerksam gemacht hatte, dass auf deutschen Straßen und Plätzen Steine verlegt würden, die u.a. indische Kinder unter schlimmsten Bedingungen hergestellt hatten, wurde eine Sozialklausel in das öffentliche Beschaffungswesen eingeführt. Fortan darf nur noch bei Unternehmen eingekauft werden, die soziale Mindeststandards erfüllen.

Doch gut gemeint ist häufig das Gegenteil von gut. In der Praxis sind diese Standards nämlich oft weder sinnvoll noch durchsetzbar. Erstens führen Sozialstandards allzu leicht zu einem versteckten Protektionismus.

Zweitens lässt sich gerade bei der internationalen Vergabe von Aufträgen durch die öffentliche Hand nur schwer kontrollieren, ob soziale Standards auch tatsächlich eingehalten werden.

Am Beispiel der Sozialklausel zeigt sich, dass solche durchaus sinnvollen Absichten in der Praxis oft schwer zu realisieren sind oder sogar kontraproduktiv sein können. In Bezug auf die anderen vergabefremden Ziele, Innovations- und Nachhaltigkeitsförderung, Tariftreue und die Förderung kleiner und mittlerer Unternehmen, stellt sich die Situation nicht viel besser dar. Daher kam das Gutachten des Wissenschaftlichen Beirats zu dem Schluss, dass das öffentliche Beschaffungswesen kein geeignetes Instrument zur Durchsetzung politischer Ziele sei. Viel effektiver sei es, politische Absichten durch Politik zu verfolgen: Umfassende Veränderungen der Rahmenbedingungen durch den Staat sind effektiver als das partielle Eingreifen in den Markt. Vergabefremde Ziele sind aber nicht nur ungeeignete politische Instrumente, sondern sie erzeugen vielmehr genau dort Probleme, wo sie eigentlich Mittel zum Zweck sein sollten, nämlich bei der Wirtschaftlichkeit der öffentlichen Beschaffung. Zum Beispiel lassen sie sich leicht missbrauchen, um bestimmte Anbieter zu begünstigen. Je mehr vergabefremde Ziele nämlich an einen Auftrag gekoppelt sind, desto kleiner wird die Zahl der Unternehmen, die überhaupt noch am Wettbewerb teilnehmen können. Im Extremfall lässt sich eine öffentliche Ausschreibung so auf nur einen bestimmten Anbieter zuschneiden. Unter dem Vorwand, vergabefremde Ziele zu berücksichtigen, fördert man so die eigenen Favoriten.

Dieses Phänomen ist durchaus nicht unbekannt. In Deutschland wird es sogar noch dadurch begünstigt, dass die öffentliche Beschaffung stark fragmentiert ist. Durch ihre Kleinteiligkeit fallen 80–90 Prozent der öffentlichen

Vergaben in Deutschland unter die von der EU festgelegten Schwellenwerte, ab denen strenge Bedingungen einzuhalten sind. In der Praxis bedeutet das, dass öffentliche Ausschreibungen und transparente Vergabeverfahren, zu denen die öffentliche Hand normalerweise verpflichtet ist, umgangen werden können. Im Jahr 2008 wurden sogar 88,4 Prozent aller Verfahren »freihändig«, also nach Gutdünken des Entscheidungsträgers vergeben. Es dürfte jedem klar sein, dass solche »Unter-der-Hand-Regelungen« nicht nur dem Grundsatz der Gleichbehandlung aller Wettbewerbsteilnehmer widersprechen, sondern den Wettbewerb selbst behindern. Das Unternehmen, das den Auftrag erhält, steht nicht im Wettbewerb mit anderen. Die Folge ist, dass der Mangel an Konkurrenz schließlich wieder zu teuren und oft schlechteren Angeboten führt.

Doch selbst wenn mehrere Anbieter am Wettbewerb beteiligt sind, werden die Angebote zwangsläufig teurer, je mehr die Beteiligten auf Tariflöhne, Nachhaltigkeit, innovative Technologien und Sozialstandards achten müssen. Die vergabefremden Aspekte erhöhen die Kosten substantiell. Die Wirtschaftlichkeit, die bei der Beschaffung jedoch oberstes Gebot sein sollte, bleibt auf der Strecke.

Auf diese und viele weitere Mängel im öffentlichen Beschaffungswesen machte der Wissenschaftliche Beirat in seinem Gutachten aufmerksam. Er forderte eine Reform des Vergaberechts, das die Ausschreibungen transparenter gestalte und politische Ausschreibungsziele ausklammere. Der damalige Vorsitzende des Beirats, Professor Axel Börsch-Supan, schätzte, dass mit diesen Maßnahmen pro Jahr etwa 36 Milliarden Euro eingespart werden könnten.

Zu einem ähnlich frappierenden Ergebnis kam der Bundesrechnungshof in einer weiteren Studie zur öffentlichen Beschaffung. Prof. Dr. Dieter Engels, seit 2002 Präsident des Bundesrechnungshofes, verkündete als Ergebnis dieser Studie: Zehn Prozent der jährlichen Ausgaben des Bundes, immerhin 6,5 Milliarden Euro, könnten eingespart werden, wenn jeder Behördenchef und jede Behördenchefin beim Einkauf wirtschaftlichere Entscheidungen treffen würde.

Wenn aber zwei fachkompetente Institute zu dem gleichen Ergebnis kommen, dass nämlich im Beschaffungswesen viele Milliarden weniger aufgewendet werden könnten – muss man dann nicht umgekehrt daraus schließen, dass Milliarden an Steuergeldern im Beschaffungswesen verschwendet werden? Und wenn das Haushaltsgesetz die Wirtschaftlichkeit zu einem generellen Kriterium erklärt, muss das dann nicht für das Beschaffungswesen in besonderem Maße gelten? Meiner Meinung nach wird hier Geld ausgegeben, das an anderer Stelle sinnvoller eingesetzt werden könnte!

Prestigedenken

Was in vergangenen Jahrhunderten das Triumphportal, die herrschaftliche Residenz oder auch ein repräsentabler Theater- oder Opernbau waren, ist heute das Fußballstadion. Das Prestige, das sich mit diesem Sport verbindet, scheint beträchtlich. Kaum erreichte die Mannschaft Alemannia Aachen 2006 die Erste Liga, waren sich die Stadtväter nicht zu schade, die gelben Ortseingangsschilder mit dem Zusatz »Bundesligastadt« zu versehen. Absurd? Lächerlich?

Auch Frankfurt und Offenbach waren sich einig: Beide Städte wollten ein Fußballstadion für ihren ansässigen Zweitliga-Club. Was eine gute, wirtschaftlich vernünftige und vor dem Steuerzahler vertretbare Lösung gewesen wäre, kam aus Prestigegründen überhaupt nicht infrage: ein gemeinsames Stadion für beide Städte. Stattdessen gibt es nun zwei Stadien – beide mit Kapazitäten für knapp 20 000 Besucher – in nur fünf Kilometern Entfernung voneinander. Rund 25 Millionen Euro kostete den Steuerzahler das doppelte Unternehmen.

Ein klarer Fall von Konkurrenz-, Prestige- und Kirchturmdenken. Die Entscheidungsträger leben in ständiger Konkurrenz mit den Nachbargemeinden und sehen dabei nicht über die Spitze des eigenen Kirchturms hinaus. Auch der Rat der Stadt Coburg und ihr Oberbürgermeister Norbert Kastner glaubten, unbedingt eine neue Ballsporthalle bauen zu müssen. Dabei ging man von einer Kostenschätzung von 12,5 Millionen Euro aus. Als im September 2009 der Zuschlag für den Hallenbau erteilt wurde, betrug die veranschlagte Gesamtsumme bereits 15,36 Millionen Euro. Die jährlichen Betriebskosten wurden mit 375 000 Euro beziffert. Nach zweijähriger Bauzeit wurde die Halle in Betrieb genommen. Der Oberbürgermeister freute sich über die »städtebauliche Visitenkarte«, während die Vorstandsvorsitzende der Coburger Grünen, Martina Benzel-Weyh, über das »Denkmal für den Sonnenkönig Norbert I.« spottete. Ein Denkmal, das er sich auf Kosten der Steuerzahler gesetzt hatte.

Der unzertrennliche Zwilling vom Prestige ist das Image. Und wie jenes kann auch der Anschein, den wir uns von außen geben, teuer sein. So wollte die Stadt Hamburg ihr Image auf Glanz polieren, indem sie sich für den Umweltschutz stark machte. Sie bewarb sich erfolgreich um den Titel »Umwelthauptstadt Europas 2011« mit einer Kampagne, die immerhin 8,65 Millionen Euro kostete. EU-Regularien folgend, sollten mit diesem Geld »eine anspruchsvolle Bewusstseinsbildungs- und PR-Strategie sowie Handlungspläne und Veranstaltungsprogramme« entwickelt und umgesetzt werden.

Es waren ehrgeizige Pläne, die die Stadt bei ihrer Bewerbung vorlegte. Viel übrig geblieben ist davon nicht. Kaum eines der hochgesteckten Klimaschutzziele konnte erfüllt werden: Die angekündigten Maßnahmen zur Regulierung des Individualverkehrs, wie der Bau einer Stadtbahn oder der Ausbau von Fahrradwegen, wurden nicht verwirklicht. Der Plan für eine Umweltzone in der Innenstadt wurde aufgegeben, die Naturschutz-Referate der Bezirke wurden abgeschafft. Nach und nach beerdigten die Hamburger alle guten Ideen und Ansätze. Nur der CO_2-Ausstoß erfreute sich bester Gesundheit: Er wächst und gedeiht bis heute.

Am teuersten kam die Stadt jedoch etwas anderes zu stehen. Auf der Suche nach einem Partner für die Finanzierung ihrer ehrgeizigen Pläne entschied sie sich nämlich für den Siemens-Konzern als Hauptsponsor – und brachte sich damit um die Unterstützung des Bundes für Umwelt und Naturschutz Deutschland (BUND)[2]. Dieser begründete seinen Rückzug damit, dass das Unternehmen Siemens wie kein anderes für den Bau von Atomkraftwerken stehe. Und wie heißt es so schön: Wer den Schaden hat, braucht für den Spott nicht zu sorgen. Auch andere große Umweltverbände wie Greenpeace, NABU oder Robin Wood sparten nicht an Kritik und distanzierten sich deutlich von dem Anliegen der Stadt. »Das zeigt mal wieder: Die Stadt macht nichts außer Imagekampagnen«, zitierte der NDR den Sprecher des BUND, Paul Schmid.[3]

Ausgerechnet das Image der Stadt aber litt durch den Rückzug der Umweltverbände empfindlich. So diente am Ende das investierte Geld weder dem Umweltschutz noch dem Ansehen der Stadt. Das einzig Nachhaltige, das die »Umwelthauptstadt 2011« anschließend noch zu bieten hatte, war ihr nachhaltig beschädigter Ruf.

Kunst

Helmut Kohl sprach von einer »der größten Blödheiten, die wir Deutsche uns leisten«.[4] Doch am Ende wurde er überstimmt: Am 25. Februar 1994 entschieden sich 292 Mitglieder des Bundestages dafür, den Künstlern Christo und Jeanne-Claude die Verhüllung des Berliner Reichstages zu genehmigen. 223 Abgeordnete votierten dagegen. Eineinhalb Jahre später konnte man für zwei Wochen einen vollständig in Stoffbahnen gehüllten Reichstag besichtigen. 3,7 Millionen Dollar kostete diese Performance, sie lockte ein Millionenpublikum auf die Wiese zwischen dem heutigen Sitz des Bundestages und dem damals noch nicht gebauten Bundeskanzleramt. Wenngleich das teure Kunstprojekt sämtlich aus privat aufgetriebenen Mitteln von Christo und Jeanne-Claude finanziert wurde, zeigt die hitzig geführte Debatte darum: Über Sinn und Unsinn der Kunst wird heftig gestritten. Die Abstimmung im Parlament war beinahe eine 50-zu-50-Entscheidung. Was die einen für eine Blödheit halten – Helmut Kohl hatte sich diese Meinung übrigens von Kunstexperten bestätigen lassen –, ist den anderen viel Wert.

Als ich 1994 zum Präsidenten des Bundes der Steuerzahler gewählt wurde, setzte ich mich deshalb dafür ein, dass prinzipiell keine Fälle von Kunstförderung mehr in die Schwarzbücher aufgenommen wurden. Nicht selten geriet ich wegen dieser Haltung unter Druck. Immer wieder forderte man mich auf, Kunstprojekte oder den Ankauf von Objekten in das Schwarzbuch aufzunehmen. Doch ich bin der Meinung, dass die Bewertung von Kunst – und sei sie noch so provozierend oder unverständlich – jedem Einzelnen überlassen werden sollte.

August Everding, der 1999 verstorbene Regisseur, Theaterintendant und ehemalige Präsident des Deutschen Bühnenvereins, kämpfte zeit seines Lebens gegen jene, die Ausgaben im Kulturbereich für überflüssig halten. Kultur ist kein Luxus, sondern eine Notwendigkeit, lautete sein Wahlspruch, und in einem seiner Vorträge führte er sinngemäß aus: Die Vielfalt der Kultur zeichne Deutschland vor vielen anderen Ländern aus, vielleicht sogar vor allen Ländern dieser Welt. Sie zu erhalten, sollte uns oberste Verpflichtung sein.

Die Förderung von Kunst gehört wesentlich zu unserem Selbstverständnis als Deutsche. Über die Förderwürdigkeit und die Qualität von Kunstproduktionen im Einzelnen, seien dies Theateraufführungen, Operninszenierungen, Skulpturen oder Gemälde, kann deshalb kaum der Bund der Steuerzahler entscheiden. Natürlich gibt es auch im Bereich der Kunst Verschwendungsfälle. Wohl zu Recht wird im ersten Schwarzbuch von 1973 die Frage gestellt, warum die Kosten für Theater und Opern innerhalb von neun Jahren (zwischen 1961 und 1970) um 200 Prozent ansteigen. Auch hier fließt ein nicht geringer Teil der Gelder in Verwaltungsapparate, deren Effizienz genauso hinterfragt werden kann wie an jeder anderen Stelle. Ein anderes wäre es jedoch, die Förderung von Kunst selbst anzuzweifeln. Die Freiheit der Kunst gehört wesentlich zu unserer Demokratie. Sie kann nur dadurch gewährleistet werden, dass Kunst in keinem Fall zensiert wird – weder nach ökonomischen noch nach ästhetischen Kriterien.

Spekulieren

Was, glauben Sie, bringt den Kreis Offenbach dazu,[5] 8 Millionen Euro in einen Freizeit- und Urlaubsort in Mecklenburg-Vorpommern zu stecken? Und wozu brauchen die Offenbacher Fonds der »Wohnanlage Sonnengarten« in Glienicke bei Berlin im Wert von 13,4 Millionen Euro? Man nennt es Risikoinvestment: hochriskante, spekulative Finanzgeschäfte, von denen sich die Handelnden hohe Gewinne erhoffen. Die Betonung liegt auf dem Wort »hoffen«, und das ist kein gutes Zeichen. Denn die Hoffnung stirbt zwar zuletzt, aber bis dahin kann es teuer werden. Das Projekt »Freizeit- und Urlaubsort Fleesensee«, in das der

Kreis Offenbach so großzügig investierte, steht kurz vor der Insolvenz. Inzwischen droht der Totalverlust der 8 Millionen Euro, außerdem eine Nachschusspflicht in Höhe von 1,2 Millionen für eine vor sechs Jahren erfolgte Ausschüttung aus dem Stammkapital. Noch schlimmer steht es um die Wohnanlage in Glienicke. Hier ist der Kreis Offenbach gerade dabei, ein offenes Darlehen in Höhe von weiteren 13,7 Millionen Euro aufzukaufen – um Schlimmeres zu verhindern. Als dieser Fall im Schwarzbuch von 2011 geschildert wurde, war noch nicht abzusehen, wie die Geschichte ausgeht. Aber es sah ganz danach aus, als würde die Stadt mit dem Verkauf der Wohnanlage nicht mal die Hälfte des investierten Geldes zurückbekommen. Am Ende ist mit einem Verlust im zweistelligen Millionenbereich zu rechnen.

Der Kreis Offenbach ist kein Einzelfall. Ein relativ neues Gesicht der Verschwendung von Steuergeldern zeigt sich in hochriskanten Finanzgeschäften, die einige Städte und Gemeinden in bisher nicht gekanntem Ausmaß betreiben. Viele Städte und Gemeinden spekulieren in großem Stil mit sogenannten Swap-Krediten. Dabei handelt es sich um finanzielle Tauschgeschäfte mit Verbindlichkeiten oder Forderungen, die zwischen den Vertragspartnern ausgetauscht werden. Im Schwarzbuch von 2008 sind Beispiele geschildert, welche Folgen das riskante Glücksspiel auf Kosten des Steuerzahlers hat: Bei den mit großen Risiken behafteten Swap-Geschäften verloren die Städte Hagen 50 Millionen Euro, Remscheid 13 Millionen Euro, Neuss 10 Millionen Euro und Mühlheim 6 Millionen Euro. Damals schätzten Experten, dass bundesweit rund 700 Kommunen Swap-Geschäfte abgeschlossen hatten. Wie viel dabei verzockt wurde, steht nicht fest. Gemutmaßt wurde aber, dass bundesweit ein Milliarden-Schaden entstanden sei.

Korruption

Ein Gesicht der öffentlichen Verschwendung wage ich kaum zu benennen: die Korruption. In einer Untersuchung der Kriminologin Britta Bannenberg aus dem Jahr 2002 ist Folgendes zu lesen: Allein für den Baubereich gehen Schätzungen davon aus, dass die öffentliche Hand jährlich Schäden in Höhe von 10 Milliarden Euro durch Preisabsprachen erleidet. Auch in den öffentlichen Verwaltungen kosten Korruption und Betrug die deutschen Steuerzahler jährlich eine hohe Summe. Nach Angaben des Bundeskriminalamtes war die allgemeine öffentliche Verwaltung im Jahr 2005 »mit 91 Prozent weiterhin Hauptzielbereich der Korruption«. Und in der Studie »Kriminalität im öffentlichen Sektor 2010 – Auf der Spur von Korruption & Co« (PricewaterhouseCoopers in Zusammenarbeit mit der Martin-Luther-Universität Halle-Wittenberg, Oktober 2010) wird der entstandene Schaden auf über zwei Milliarden Euro beziffert.

Natürlich, im Vergleich zu Ländern, in denen nicht einmal einfache Verwaltungsakte zustande kommen, solange kein Bestechungsgeld fließt, steht Deutschland vergleichsweise gut da. Doch scheint mir dies angesichts der immer wieder neu aufgedeckten Zahlen kein Trost zu sein.

Der medienwirksame Schrei der Entrüstung, wenn Korruptionsfälle aufgedeckt werden, hilft in der Sache selbst nicht, solange ihm keine gezielten Maßnahmen folgen. Bereits vor fünfzehn Jahren hatte der Bund der Steuerzahler auf dieses Gesicht der Verschwendung hingewiesen und Initiativen zur Bekämpfung der Korruption in den öffentlichen Verwaltungen gefordert. Im Januar 1996 erschien der Katalog »Maßnahmen zur Bekämpfung der Korruption in der öffentlichen Verwaltung. Finanz- und Steuerinformation des Präsidiums des Bundes der Steuerzahler e.V.«. Einige der darin enthaltenen Forderungen sind inzwischen umgesetzt worden. Dazu gehört das »Vier-Augen-Prinzip« zur gegenseitigen Kontrolle von Verwaltungsentscheidungen. Ebenso hat mittlerweile jedes Bundesministerium und zumindest jede zweite Kommunalbehörde einen Korruptionsbeauftragten. Dieser ist zugleich Ansprechpartner für die Beschäftigten der Verwaltung als auch für Dritte und koordiniert Maßnahmen zur Korruptionsvorbeugung. In korruptionsanfälligen Bereichen herrscht inzwischen in jedem zweiten Bundesamt und in jeder vierten Kommunalverwaltung das Prinzip der Personalrotation. Ziel ist, dass Beschäftigte häufiger die Tätigkeit und das Aufgabengebiet wechseln, um den Kontakt zu den immer gleichen Personen zu vermeiden. Besonders korruptionsgefährdet sind Mitarbeiter, die bei ihren Entscheidungen einen hohen Ermessensspielraum haben (z.B. im Bau- und Vergabewesen und bei Führerscheinstellen).

Trotz dieser Maßnahmen werden immer noch uberteuerte Auftragsvergaben ohne Ausschreibung, fingierte Rechnungen ohne Gegenleistung, erschlichene Fördermittel, unvollstreckte Steuerforderungen oder zu niedrige Gebührenberechnungen festgestellt.

Auch wenn die Korruption vom Bund der Steuerzahler selten eigens thematisiert wird, gehören die Schäden, die

durch Korruption, Subventionsbetrug und wettbewerbs-
widrige Absprachen angerichtet werden, für mich weiterhin
zu den Gesichtern der Verschwendung.

In der Pflicht

Die Gesichter der öffentlichen Verschwendung sind vielfäl-
tig. Natürlich, das sei an dieser Stelle einschränkend einge-
wendet, ist jede Ausgabe mit Risiken behaftet, das gilt für
private wie für öffentliche Unternehmungen gleichermaßen.
Auch der private Unternehmer kann sich nicht sicher sein,
ob Kosten für den Bau neuer Produktionsanlagen, die Ausgaben für neue Produktionsverfahren, Forschungsinvestitio-
nen oder Kosten für die Erschließung neuer Märkte – um
nur einige wenige Risiken zu benennen – sich eines Tages
»rechnen« werden. Insbesondere dann, wenn große Investitionen über Kredite finanziert werden müssen, haben nicht
nur die Manager von DAX-Unternehmen schlaflose Nächte,
sondern vor allem Inhaber kleiner und mittelständischer Betriebe. Sie prüfen deshalb mit allergrößter Sorgfalt, welche
Ausgaben unabweisbar und unerlässlich sind, da mit jeder
Fehlinvestition die Gefahr droht, vom Markt zu verschwinden.

Jene, die für die Verwendung öffentlicher Gelder verantwortlich sind, schlafen in der Regel gut. Sie haben in den
allerseltensten Fällen zu befürchten, dass ihr Handeln Konsequenzen hat. Was sich ändern muss, um der Verschwendung Einhalt zu gebieten? Einerseits die Haltung der Verschwender zum Geld, andererseits ihre strafrechtliche

Verfolgung, wenn sie grob fahrlässig oder gar gesetzeswidrig handeln. Auf beides werde ich im Folgenden noch zu sprechen kommen.

DIE URSACHEN DER VERSCHWENDUNG

»Kann man denn gar nichts gegen die Verschwendung von Steuergeldern tun?«, lautet die Standardfrage, die ich nach fast jedem Vortrag zu hören bekomme. Bei zahlreichen Anlässen und auf Einladung verschiedenster Institutionen habe ich, oftmals vor mehreren Hundert Zuhörern, über die öffentliche Verschwendung gesprochen. Meist schlossen sich an die erste weitere Fragen an: »Es gibt doch das Haushaltsgrundsätzegesetz mit den darin enthaltenen Regeln der Wirtschaftlichkeit und Sparsamkeit (§ 6 Absatz 1). Wieso wird immer wieder gegen dieses eindeutige Gebot verstoßen?«

Das Thema Verschwendung führt in Diskussionen häufig zu einer allgemeinen Politikerschelte. »Die wissen doch gar nicht mit Geld umzugehen«, heißt es sofort, »die haben doch keine Ahnung, wie man Geld verdient«, oder etwa: »In den Parlamenten sitzen doch nur Leute, die von Wirtschaft nichts verstehen. Wenn die wüssten, wie hart es ist, Geld zu verdienen und Arbeitsplätze zu erhalten, dann würden sie jeden Pfennig umdrehen, bevor sie ihn ausgeben.« Sehr schnell kommt man dann auf Brüssel und die Europäische Union zu sprechen, wo ein aufgeblasener Apparat seelenloser Technokraten vermutet wird, die nichts Besseres zu tun haben, als die Steuerzahler auszubeuten. »Kriegen die denn den Hals nie voll?« ist eine der Fragen, die nicht nur auf Brüssel und die Europäische Kommission zielen, sondern gleichermaßen auf Berlin, die eigene Landeshauptstadt oder die Heimatgemeinde gerichtet sein können. Eines fällt mir dabei oft auf: Wer persönlich von einem Verschwendungsfall berichtet, der bezieht sich meist auf Vorkommnisse in seiner unmittelbaren Umgebung, in seiner Stadt oder Gemeinde. Die Empörung über die Milliardenverschwender wächst jedoch mit der Entfernung. Bis der Vorwurf die nächste Kreisstadt, die Landeshauptstadt, Berlin oder Brüssel erreicht hat, wird die gefühlte Summe der sinnlos ausgegebenen Steuergelder immer höher. So liegt es also nur scheinbar fern, in Wahrheit aber nahe, sich anlässlich des Themas über »die in Brüssel« am heftigsten auszulassen. Da geht es dann meist entweder um Subventionsbetrug oder die Sinnlosigkeit von neuen EU-Richtlinien. Und schon ist man, obwohl man ursprünglich von lokalen Steuerausgaben ausgegangen war, bei den Klassikern absurder EU-Richtlinien gelandet.

Zu ihnen gehört etwa die Richtlinie über ein Seilbahngesetz, die in allen Bundesländern umgesetzt werden sollte. Unter Umsetzung ist zunächst die Verabschiedung der Richtlinie als Gesetz durch das Parlament zu verstehen. In Mecklenburg-Vorpommern und anderen Bundesländern gibt es jedoch keine einzige Seilbahn, woraus man dort den Schluss zog, die Verabschiedung eines Seilbahngesetzes für überflüssig zu halten. Das war falsch, oder zumindest nicht rechtens. Die EU-Kommission klagte gegen die Bundesrepublik Deutschland vor dem Europäischen Gerichtshof[6] (EuGH) und so drohte Mecklenburg-Vorpommern ein

Zwangsgeld von täglich 791 000 Euro. 791 000 Euro täglich! In letzter Minute entschloss man sich, die Richtlinie doch noch in Form eines Gesetzes durch das Parlament zu winken. Es fehlte gerade noch, dass man, um das Gesetz auch anwenden zu können, eine Seilbahn gebaut hätte!

Ein weiterer Klassiker wird in diesem Zusammenhang häufig zum Besten gegeben, begleitet von Kopfschütteln, von Hohn und Spott über die EU-Kommission. Es handelt sich um eine Richtlinie, die Bauarbeitern vorschreibt, im Sommer entweder ein Unterhemd zu tragen oder sich einzucremen, um sich vor der Sonne zu schützen. Ich habe darüber mit einem hochrangigen Mitglied des Europäischen Parlaments gesprochen, und er berichtete mir, wie es zu dieser Richtlinie kam. Auf die Kommission und das Parlament sei von einer Initiative, die aus mehreren Ärzten bestand, erheblicher Druck ausgeübt worden. Die Ärzte hätten sich auf die steigende Anzahl von Hautkrebstoten aufgrund zu starker Sonneneinstrahlung berufen und dann damit gedroht, für den Fall, dass nur ein Bauarbeiter an Hautkrebs stürbe, die EU-Kommission dafür verantwortlich zu machen. Unter diesem Druck sei, so das Mitglied des Europäischen Parlaments, gar nichts anderes übrig geblieben, als die Richtlinie zu verabschieden.

Der einzige Zweck mancher EU-Richtlinie scheint sich im Lachen zu erschöpfen, das ihre Erwähnung regelmäßig hervorruft. Doch handelt es sich dabei um die Verschwendung von Steuergeldern? Solange sie keine teuren Klagen vor dem EuGH nach sich ziehen, ist das Ausmaß vielleicht gering. Dennoch: Da sie parlamentarische und danach bürokratische Vorgänge in Gang setzen, und zwar immerhin EUweit, kosten auch diese scheinbar harmlosen Verordnungen den Steuerzahler Geld.

Fehler im System

Seit Jahrzehnten gelingt es kaum, der Verschwendung von Steuergeldern Einhalt zu gebieten. Daran hat sich auch durch die zunehmend krisenhafte Situation der öffentlichen Haushalte und des weltweiten Finanzsystems nichts wesentlich geändert. Die Frage, warum das so ist, wird schon lange auch in der Fachliteratur untersucht. Hier unterscheidet man zwischen Ursachen, die in der menschlichen Natur liegen, und solchen, die durch das politische System bedingt sind.

Zu Letzteren gehören sicher auch die genannten EU-Richtlinien. Es kann einerseits sinnvoll sein, dass die EU einheitliche Regeln vorgibt, die für alle Menschen in allen Ländern gleichermaßen gelten. Andererseits kann dieses Prinzip in der Praxis manchmal zu Ergebnissen führen, die jede Karikatur sinnloser Verwaltungsstrukturen übertreffen. Dafür gibt es den schönen Ausdruck Realsatire. Doch nicht immer gibt die systembedingte Verschwendung nur Anlass zur Heiterkeit – dazu ist das Thema angesichts wachsender Schulden zu ernst. Ich möchte einige weitere Beispiele von systembedingten Ursachen dafür nennen, dass – manchmal in großem Stil – unnötigerweise oder in überflüssigem Ausmaß öffentliche Gelder ausgegeben werden.

Wie teuer staatliche Ineffizienz sein kann, zeigt sich am Berlin-Bonn-Gesetz. Statt einer schlanken Regierung leistet sich Deutschland den weltweit einmaligen Luxus eines doppelten Regierungssitzes. Schuld ist der sogenannte Doppelkopf: Als das Parlament des wiedervereinigten Deutschland zwischen dem alten Regierungssitz in Bonn und dem neuen in Berlin entscheiden musste, wurde 1991 als Kompromiss ein Kombinationsmodell aus beiden Städten beschlossen. Soweit ich mich erinnere, ging es damals allein um den Interessenausgleich zwischen Berlin und Bonn – eine kostensparende Arbeitsteilung spielte keine Rolle. Der Doppelkopf hatte die Aufgabe, den Berlin-Befürwortern zur Durchsetzung zu verhelfen und die Bonner zu beruhigen. Denn im Hintergrund hatten sich die Vertreter der Gegner des Umzugs mit Erfolg organisiert. So wurde das Modell einer doppelten Regierung für die Fraktion der Berlin-Befürworter die einzige Möglichkeit, im Bundestag überhaupt eine Mehrheit zu bekommen. Am Ende sollten zunächst 11 060 Ministerialbeamte und Angestellte in Bonn bleiben und lediglich 7580 nach Berlin umziehen.

Von Anfang an sprach ich mich für einen Komplettumzug von Bundestag und allen Ministerien nach Berlin aus, womit ich mir vor allem im Raum Bonn nicht eben Freunde machte. Je weiter von Bonn entfernt, desto häufiger fand ich jedoch Bestätigung und Ermutigung. Einmal hatte ich Gelegenheit, den vollständigen Umzug von Regierung und Parlament in der Fernseh-Talkshow »Mittwochs in …« zu vertreten. Sie wurde aus Bonn gesendet, außerdem schaltete man eine Diskussionsrunde aus Berlin zu, die sich offensichtlich aus ehemaligen Bonnern zusammensetzte. Gesendet wurde per Liveschaltung aus der »Ständigen Vertretung«, einer von dem früheren Bonner Gastwirt Friedel

Drautzburg eröffneten Gaststätte, mit der er den rheinischen Abgeordneten nach dem Umzug des Parlaments nach Berlin eine Heimstatt geben wollte. Herr Drautzburg nahm selbst am Gespräch teil. Nach einem hitzigen Wortgefecht verlieh mir Herr Drautzburg symbolisch eine »Saure Zitrone«. Ich revanchierte mich wenig später und brachte ihm ein Glas saure Gurken.

Die tatsächlichen Kosten, die der Steuerzahler für das doppelköpfige Monster des auf Bonn und Berlin verteilten Regierungsapparates heute noch immer zahlt, sind trotz vielfacher Versuche nicht zu ermitteln. Auch Journalisten scheitern regelmäßig daran, an umfassende Zahlen, Daten und Fakten zu kommen. Sie geben mir gegenüber unumwunden zu, dass »gemauert« würde. So bleiben nur vorsichtige Schätzungen, die sich nach unseren Berechnungen auf 25 Millionen Euro pro Jahr belaufen.

Dieser horrenden Ausgaben ungeachtet, halten auch heute, fast 15 Jahre nach dem Umzug, noch immer große Teile des Bundestages am Weiterbestand des Berlin-Bonn-Gesetzes fest. Zwar mehren sich die Stimmen, die sich für den Umzug der letzten noch in Bonn ansässigen Ministerien (Verteidigung, Landwirtschaft, Gesundheit, Umwelt und Wirtschaftliche Zusammenarbeit) aussprechen, sie konnten sich jedoch bisher nicht durchsetzen. Man wolle vertragstreu bleiben, sagen die einen. Verträge könne man auch ändern oder aufheben, denn neue Verhältnisse und Erkenntnisse machten einen Komplettumzug unabdingbar, sagen die anderen.

Zu den systembedingten Ursachen der Verschwendung rechne ich auch die Tatsache, dass im öffentlichen Bereich die Gesetze des freien Marktes nicht zur Anwendung kommen. Meist fehlt bei öffentlichen Investitionen der Druck, möglichst billige Anbieter zu finden. Anders als ein privatwirtschaftliches Unternehmen, das Gewinne erzielen will, wenn es im Einkauf spart, hängt die Existenz öffentlicher Institutionen nicht davon ab, wie viel Geld sie für konkrete Projekte ausgeben. Hier fehlt der Zwang, sich bei der Entscheidung über die Verwendung der Mittel auf das absolut Notwendige zu beschränken.

Das System, nämlich die Tatsache, dass die öffentlichen Finanzen von anderen Gesetzen bestimmt werden als die privatwirtschaftlichen, hat zur Folge, dass politischer Erfolg nicht über wirtschaftlichen Erfolg definiert werden kann. Im Gegenteil: Selten – Ausnahmen bestätigen hier die Regel (wie bei dem ehemaligen Bürgermeister von Langenfeld, Magnus Staehler) – ist es einem Politiker gelungen, die Spitze der Beliebtheitsskala in den Umfragewerten durch sparsames Haushalten zu erklimmen. Die Wählergunst erspart man sich nicht, man erkauft sie sich. Und wer kauft, gibt Geld aus. Ich gewinne zunehmend den Eindruck, dass es im Interesse der Politiker liegt, die Steuer- und Abgabenbelastung zu erhöhen, statt sie zu verringern. Denn sie brauchen ständig mehr Geld, um Wohltaten aller Art finanzieren zu können. »Die Wahl in Nordrhein-Westfalen (Mai 2012; d. Verf.) bietet […] Anschauungsunterricht für Europa – aber anders als gedacht«, war in der *Neuen Zürcher Zeitung* (*NZZ*) vom 15.5.2012 zu lesen.[7] Die Wahl zeige, wie schwierig Haushaltsdisziplin in einem föderalen System durchzusetzen sei, heißt es in dem Artikel weiter, der sich kritisch mit dem deutschen Föderalismus auseinandersetzt. Hintergrund war, dass die Mehrheit im Landtag von Nordrhein-

Westfalen der Landesregierung die Zustimmung zum Haushalt verweigerte – wegen der ihrer Meinung nach zu hohen Neuverschuldung. Es wurden Neuwahlen angesetzt, bei der jedoch die im Landtag unterlegene Landesregierung aus SPD und Grünen einen triumphalen Erfolg erzielte. Ein Erfolg, der insbesondere Ministerpräsidentin Kraft zugeschrieben wurde, die ihre Politik als »vorbeugende Politik« bezeichnet hatte. Die Ministerpräsidentin versteht darunter Investitionen in den Bereichen Arbeit und Bildung, die, so argumentiert sie, letztlich zu Einsparungen führen werden. »Letztlich« bedeutet: in ferner, unbestimmter Zukunft. Zunächst einmal bedarf es für ihre Politik einer zunehmenden Neuverschuldung. Mit der Wahl vom Mai 2012 erklärten sich die Wähler Nordrhein-Westfalens mit dieser Neuverschuldung einverstanden. »Wir schaffen es nicht einmal, Bundesländer wie Nordrhein-Westfalen oder Berlin zu disziplinieren. Wie soll das in Europa gehen?«, fragen die Kritiker in der *NZZ*.

Apropos Föderalismus: Zu den beliebtesten Beispielen von Steuergeldverschwendung gehört die Kritik am Bestehen von 16 Bundesländern, die eine komplexe Infrastruktur von sechzehn Landesregierungen und Landtagen unterhalten (mit Berlin, Bremen und Hamburg als Stadtstaaten). Die Diskussion ist nicht neu. Manche sprechen insbesondere Bremen und dem Saarland die Existenzberechtigung als eigenständige Bundesländer ab, da beide Länder extrem hoch verschuldet sind und neben den Mitteln aus dem Länderfinanzausgleich noch Bundesergänzungszuweisungen erhalten. Sicher würde eine Neugliederung der Bundesländer und eine Reduzierung auf möglicherweise acht Bundesländer langfristig zu Einsparungen bei den Politikkosten führen. Aber so einfach ist dieser Fehler im System, für den viele das föderale Prinzip halten, nicht zu beheben. So heißt es in Artikel 29 Absatz 2 des Grundgesetzes: »Maßnahmen zur Neugliederung des Bundesgebietes ergehen durch Bundesgesetz, das der Bestätigung durch Volksentscheid bedarf. Die betroffenen Länder sind zu hören.« Der Zusammenlegung von Bundesländern ist somit ein – systembedingter – Riegel vorgeschoben, der wohl nur sehr schwer zu überwinden sein wird. Der gescheiterte Versuch einer Zusammenlegung von Berlin und Brandenburg hat dies bereits gezeigt. Man mag darüber streiten, ob die politikbedingten Ausgaben für 16 Bundesländer eine Verschwendung von Steuergeldern darstellen. Das System und hier insbesondere das Grundgesetz lassen es zu.

An dieser Stelle möchte ich kurz innehalten und eine grundsätzliche Überlegung zum Thema Steuergeldverschwendung anstellen. Die Kritik, die jährlich als Reaktion auf das Erscheinen des Schwarzbuches folgt, setzt in Bezug auf die dort geschilderten Einzelfälle an einer wichtigen Stelle an: der Frage, wer oder was darüber entscheidet, warum eine Investition als »Verschwendung« zu gelten hat. Da gibt es die ganz klaren Fälle, in denen getätigte Ausgaben meist aufgrund von Fehlplanungen oder unvorhergesehenen Entwicklungen einfach verpuffen. Etwa ein Krankenhaus, das für 40 Millionen Euro ausgebaut und danach stillgelegt wurde. Solche Fälle sind unstrittig. Doch dann gibt es eine große Grauzone, in der das Urteil »Verschwendung!« fast immer eine Frage der Bewertung ist. Es unterliegt damit der letztendlich subjektiven Interpretation derer, die das

Urteil fällen. Wer das föderale System für die bestmögliche aller Verfassungen unseres Landes hält, wird die damit verbundenen Kosten nicht als Verschwendung ansehen. Dasselbe gilt für die Ausgabenpolitik der Regierungen im Kleinen wie im Großen, von Nordrhein-Westfalen bis Frankreich und den USA: Die Meinungen von Politikern und Ökonomen gehen diametral auseinander zwischen jenen, die solche Ausgaben als Instrumente des Wachstums für das einzig sinnvolle Heilmittel im Umgang mit der Krise halten, und jenen, die alles auf die Karte strengster Sparsamkeit setzen.

Eine besonders radikale Ansicht vertrat Milton Friedman, einer der einflussreichsten Ökonomen des 20. Jahrhunderts: 1980 veröffentlichte der US-amerikanische Nobelpreisträger zusammen mit seiner Frau Rose Friedman das Buch *Free to Choose*, das hierzulande unter dem Titel *Chancen, die ich meine* erschien. Unter dem deutschen Untertitel »Ein persönliches Bekenntnis« formulieren die beiden darin folgende These: Der Wohlfahrtsstaat kostet den Steuerzahler viel zu viel Geld. Jene, die durch ihre Arbeit den Unterhalt derer mitfinanzieren, die keine Arbeit haben, werden übermäßig belastet, und zwar deshalb, weil der Wohlfahrtsstaat sich eine aufgeblasene Bürokratie leistet. Würde man das Geld, das die USA Friedmans Berechnungen zufolge bis 1980 für Sozialleistungen ausgegeben haben, auf die Bedürftigen verteilen, so läge deren Einkommen beim Eineinhalb- bis Zweifachen des Durchschnittseinkommens der Bevölkerung. Nur weil die Verwaltungs- und Personalkosten so hoch sind, kommt am Ende bei den Bürgern jedoch deutlich weniger an. Doch mich interessiert an seiner Arbeit vor allem, dass hier, zugespitzt formuliert, ein ganzer

Verwaltungsapparat als Verschwendung von Steuergeldern bezeichnet wird. Das Beispiel zeigt, wie ich finde, sehr anschaulich, dass die Frage, was als Verschwendung von Steuergeldern zu gelten hat, immer auch mit grundsätzlichen politischen Fragen verknüpft ist. Und es macht deutlich, wie schwierig es ist, klare Grenzen zu ziehen: Wie viel Verwaltungsapparat braucht ein Land, und an welchem Punkt schlägt notwendige Bürokratie in überflüssige Verschwendung um?

Letzten Endes ist es immer eine Frage des Verhältnisses. Doch die Politik neigt prinzipiell zu mehr Bürokratie, da sie hier ihre eigene Klientel versorgen kann. Manchmal treibt sie es jedoch zu weit. Das hat der Bundesminister für wirtschaftliche Zusammenarbeit und Entwicklung (BMZ) Dirk Niebel von der FDP exemplarisch vorgeführt. Noch in der Opposition, hielt er das Ministerium selbst für überflüssig. Gerade die FDP wirbt immer für einen schlanken Staat. Kaum war seine Partei an der Regierung, verschlug es Niebel ausgerechnet an die Spitze des BMZ. Und was macht er? Er strukturiert um, schafft eine neue Abteilung mit zahlreichen Unterabteilungen – und besetzt den Großteil der dafür zu vergebenden Posten mit Mitgliedern seiner eigenen Partei. Niebel lieferte damit ein Musterbeispiel für Klientelpolitik. 180 neue Stellen konnte er in seinem Ministerium vergeben – eine ideale Ausgangslage, um die eigenen Parteimitglieder zu versorgen. Die zu diesem Zweck neu geschaffene Abteilung trug den fantasievollen Namen »Planung und Kommunikation«. Im Januar 2012 wurde in Presse und Fernsehen ausführlich berichtet,[8] mit welchen FDP-Angehörigen die meisten der neuen Posten besetzt werden sollten. Bereits 2011 zeigten sich Mitarbeiter des BMZ, die ohne FDP-Parteibuch waren, über diese Personalpolitik entrüstet. In einer hausinternen Stellungnahme schrieb der Personalrat: »Das BMZ ist kein Versorgungsamt und darf auch nicht dazu degenerieren.« Der Schaden ist groß, zum einen, weil für viele der neuen Mitarbeiter Entwicklungspolitik Neuland ist. Zum anderen, weil dieser Vorgang, sind sie erst einmal verbeamtet, nicht mehr rückgängig zu machen ist. Ob Minister Niebel je politisch dafür zur Verantwortung gezogen werden wird? Bisher ist dies nicht geschehen.

Ich bin oft skeptisch, wenn Politiker nach der Einrichtung neuer Behörden rufen. Als nach der Wahl in Nordrhein-Westfalen im Mai 2012 Umweltminister Röttgen von der Kanzlerin entlassen wurde, stellte man unter anderem fest, dass die unter seiner Ägide angestoßene Energiewende nicht so recht in Gang kommen wollte. Schon meldete sich ein Mitglied der CSU zu Wort mit dem Vorschlag, zusätzlich zum Umweltministerium ein eigenes Energieministerium zu schaffen mit der Begründung, dass der Energiebereich bisher in die Kompetenzen von Wirtschafts- und Umweltministerium fällt und die Kommunikation zwischen beiden offenbar nicht gut funktioniert. Und auch hier, wie in jedem anderen Fall, ist es möglich, dass die Forderung inhaltlich sinnvoll ist – aber eben nur zur Entstehung eines neuen, teuren Verwaltungsapparats führt.

Es ist also wichtig, zu unterscheiden: Einerseits besteht kein Zweifel daran, dass Steuergelder nicht immer zweckmäßig eingesetzt werden, dass es zu Verschwendungen kommt und dass dies in einem Maße geschieht, das den Bund der

Steuerzahler auch in Zukunft beschäftigen wird. Andererseits lässt sich über jeden einzelnen Fall trefflich streiten.

Menschlicher Makel

Es gibt jedoch noch einen anderen Grund, warum ich hier auf die radikale Position von Milton Friedman zu sprechen komme. Denn in eben diesem Text *Free to Choose* beschreiben die Autoren unter anderem, auf welche Arten der Mensch Geld ausgibt. Und damit verweisen sie auf Ursachen für die Verschwendung, die in der menschlichen Natur begründet liegen. Friedman unterscheidet:

1. Man gibt sein eigenes Geld für sich selbst aus. Dabei achtet man auf die Preise, wägt Kosten und Nutzen gegeneinander ab und ist sich der Grenze seines Budgets stets bewusst. Das zwingt zu einer besonderen Sparsamkeit.
2. Man gibt sein eigenes Geld für andere aus. Dabei wird man schon etwas großzügiger. Friedman denkt zum Beispiel an den Kauf von Weihnachtsgeschenken.
3. Man gibt anderer Leute Geld für sich selbst aus. Hier fallen nach meiner Beobachtung schon die ersten Schranken. Verschwendung droht. Es wird nicht mehr so sehr auf den Preis geachtet. Sinn und Zweck der Ausgabe treten in den Hintergrund.
4. Man gibt anderer Leute Geld für andere aus. Hier wird erst recht nicht auf den Preis geachtet. Niemand

fühlt sich verantwortlich. Dadurch kommt es zu Fehlplanungen, oft verursacht durch zu wenig Information und mangelnde Weitsicht. Jetzt fallen alle Schranken.

Friedman sieht ein klares Gefälle, das von Punkt eins, der für große Sparsamkeit steht, bis zu Punkt vier reicht, der für die größte Leichtfertigkeit im Umgang mit Geld steht. Doch er geht noch einen Schritt weiter, indem er in den Punkten drei und vier den Grund für die Inflation und eine zunehmende Verarmung der westlichen Industrienationen sieht. Man mag die ökonomischen Ansichten Friedmans nicht in jeder Hinsicht teilen – ihre Bewertung steht an dieser Stelle auch nicht zur Debatte. Doch die vier von ihm genannten Arten des Umgangs mit Geld bieten einen guten Ausgangspunkt, den Ursachen für die Verschwendung auf die Spur zu kommen.

Besieht man sich die Punkte drei und vier genauer, so stößt man auf einen weiteren Umstand, der der Verschwendung Vorschub leistet. Ich nenne es die »kollektive Unverantwortlichkeit«. Wenn öffentliche Ausgaben getätigt werden, so ist in den meisten Fällen ein ganzes Konglomerat von Institutionen und Beamten an den Entscheidungen beteiligt. Erweist sich eine Ausgabe als Fehlinvestition, wird es schwierig, einzelne Personen zur Verantwortung zu ziehen. Noch weniger ist es möglich, den Geschädigten konkret zu benennen: Es sind immer alle, die Steuern zahlen – eine unbekannte, anonyme Menge. Die Politiker und Beamten, die Ausgaben initiieren und verwalten, handeln also meistens im Schutze der Dunkelheit. Dazu ein Beispiel.

Als die Fußball-Weltmeisterschaft 2006 ins Haus stand, setzten sich das Land Rheinland-Pfalz und der damalige Ministerpräsident Kurt Beck persönlich für den Ausbau des Fußballstadions in Kaiserslautern zu einem WM-tauglichen Stadion ein. Auf diese Weise sollten die Menschen der Region an dem Großereignis unmittelbar teilhaben. Doch, wie immer im Vorfeld sportlicher Großereignisse, stellt sich die Frage, ob solche Investitionen sich anschließend tragen. Das Muster ist stets dasselbe: Was macht Südafrika nach der WM 2010 mit seinen gigantischen Stadien? Wie steht es um die hypermodernen Sportanlagen in Vancouver, nach dem die Olympischen Winterspiele 2010 zu Ende gegangen sind?

Der 1. FC Kaiserslautern ist zwar ein Fußballverein, der sich konstant im Bereich der Ersten und Zweiten Liga halten kann, er ist jedoch nicht reich genug für einen Dauerplatz in Liga eins. Die Aussichten, ein teures, modernes Stadion finanziell stemmen zu können, waren also von vornherein gering. Denn Fußballvereine verdienen, je höher sie siegen. Bleiben die Siege aus, können sie schnell in finanzielle Krisen geraten.

Bereits der Ausbau des Stadions geriet zu einem finanziellen Fiasko, weil die ursprünglich geplanten Kosten von 48,3 Millionen Euro auf 72 Millionen Euro anstiegen. Und es kam, wie es kommen musste: Der 1. FC Kaiserslautern landete in der Zweiten Liga, musste gute Spieler zu besseren Vereinen ziehen lassen, hatte weniger Einnahmen und musste schließlich das neue Stadion und ein Trainingszentrum für 58 Millionen Euro an die Stadt Kaiserslautern verkaufen. Diese vermietete es dem Verein über eine stadteigene Betreibergesellschaft. Doch schon in der Spielzeit 2007/2008 konnte der 1. FCK die vereinbarte Mindestpacht von 3,2 Millionen Euro pro Jahr nicht mehr bezahlen. Und da die finanzielle Lage angespannt bleibt, kommt der 1. FCK sportlich nicht wieder auf die Beine: Das Geld für gute Spieler fehlt, und weil es fehlt, sinken die Einnahmen. Der teure Stadionbau hat die »roten Teufel vom Betzenberg« in den Teufelskreis einer finanziellen und sportlichen Abwärtsspirale geführt.

Doch wer ist für diese Geschichte verantwortlich, und wer betroffen? Schon am überteuerten Ausbau des Stadions beteiligten sich Stadt und Land, wobei 54 Millionen Euro statt der ursprünglich geplanten 26 Millionen bezahlt wurden. Um den Verein später vor der Insolvenz zu bewahren, verzichtete die Betreibergesellschaft der Stadt Kaiserslautern schließlich auf 1,4 Millionen Euro Miete für die Spielzeiten 2007/2008 und 2008/2009. Und damit die Stadt den Schaden nicht allein zu tragen hat, wollte das Land Rheinland-Pfalz sich 2009 mit 575 000 Euro beteiligen. Der Geschädigte ist also, wie so oft, der Steuerzahler. Und der hat weder Namen noch Gesicht. Die Verantwortlichen aber sind schwer auszumachen, angesichts einer Vielzahl von Gremien, Behörden und Institutionen des Vereins, der Stadt und des Landes Rheinland-Pfalz, die alle in Form von zahlreichen Einzelentscheidungen und in einem Prozess, der sich über Jahre hinzog, zu der Geschichte beigetragen haben.

DAS AUSMASS DER VERSCHWENDUNG

Als ich 2004 unser Schwarzbuch vorstellte, wurde das von mir bezifferte Gesamtvolumen von gut dreißig Milliarden Euro von einigen Politikern mit Verbalattacken als populistisch und unseriös kritisiert – allen voran von SPD-Bundestagsfraktionsvize Joachim Poß. Auch der damalige Vorsitzende der Steuergewerkschaft Dieter Ondracek fühlte sich berufen, das von mir geschätzte Verschwendungsvolumen anzuzweifeln.

Der Bund der Steuerzahler blieb bei seinen Zahlen. Allerdings muss man schon genau hinhören. Ich habe immer gesagt, dass 95 Prozent der öffentlichen Ausgaben sparsam und wirtschaftlich ausgegeben werden. Fünf Prozent hingegen schätzungsweise nicht. Und das waren, bezogen auf die Ausgaben von Bund, Ländern und Gemeinden, 30 Milliarden Euro.

Die Kritiker machten es sich einfach. Sie bildeten die Summe der im Schwarzbuch veröffentlichten Einzelfälle und kamen dabei natürlich zu einem wesentlich geringeren Wert als die von mir genannten 30 Milliarden. Doch dieser Rechnung liegt ein Missverständnis zugrunde, denn die im Schwarzbuch dokumentierten Fälle von öffentlicher Misswirtschaft bilden bestenfalls die Spitze des Eisbergs. Dasselbe gilt für die Rechnungshöfe der Länder und des Bundes. In ihren Berichten sind ebenfalls nicht die Prüfungsergebnisse sämtlicher Ausgaben des Bundes oder der Länder zu finden. Auch bei ihren Prüfungen handelt es sich immer nur um Stichproben und Einzelergebnisse.

Das gesamtstaatliche Verschwendungsvolumen kann folglich nur geschätzt werden. Das aber hat nichts mit Populismus zu tun, sondern ist eine Notwendigkeit, da das Problem des unwirtschaftlichen Umgangs mit Steuergeldern sonst verharmlost würde. Es ist für mich eine Selbstverständlichkeit und der Kerngedanke meiner Arbeit für den Bund der Steuerzahler gewesen: Diejenigen, die alle Ausgaben von Bund, Ländern und Kommunen finanzieren – die Steuerzahler –, haben ein Recht darauf zu erfahren, wie mit ihren, dem Staat anvertrauten Geldern umgegangen wird. Aller Erfahrung nach gibt es am Umgang mit öffentlichen Mitteln zu 95 Prozent nichts zu beanstanden. Doch der Bund der Steuerzahler richtet sein Augenmerk auf die restlichen fünf Prozent. Nach dessen Recherchen können diese Zahlen auch durch die Aussagen erfahrener Rechnungsprüfer belegt werden.

Der Landesrechnungshof Baden-Württemberg etwa teilt in einer Denkschrift aus dem Jahr 2004 mit, dass nach seinen Prüfungserfahrungen Baumaßnahmen um durchschnittlich fünf Prozent niedriger abgerechnet werden könnten.

In einer Pressemitteilung des Präsidenten des Rechnungshofes Berlin zum Jahresbericht 2004 heißt es, der Rechnungshof habe »auf unwirtschaftliches oder nicht ordnungsgemäßes Handeln sowie auf Versäumnisse, Fehler oder Einsparmöglichkeiten in einer Größenordnung von 1,2 Milliarden Euro« hingewiesen. Gemessen am durchschnittlichen Ausgabevolumen Berlins der Jahre 2002 und 2003, entspricht das rund 5,35 Prozent.

Der ehemalige Präsident des Europäischen Rechnungshofes, Professor Dr. Bernhard Friedmann, führte 1999 vor

dem Europaausschuss des Deutschen Bundestages aus, dass
»der Rechnungshof in der Vergangenheit viermal hinterein-
ander kein positives Testat für den EU-Haushalt erteilen
konnte, da dieser bei etwa fünf Prozent der Ausgaben mit
schweren Unregelmäßigkeiten belastet war«.

Auch der ehemalige Vorsitzende des Haushalts- und Finanzausschusses im Saarländischen Landtag, Edmund
Hein, hatte Jahre zuvor erklärt, dass nach seiner Erfahrung
mit 90–95 Prozent aller öffentlichen Ausgaben korrekt verfahren würde.

Selbst der Bundesrechnungshof, der die von mir genannte
Größenordnung von 30 Milliarden Euro als nicht nachvollziehbar kritisierte, sprach 2010 von einem »mit spitzem
Bleistift« gerechneten Einsparvolumen von 24 bis 25 Milliarden Euro, das allein beim Bund erreicht werden könnte,
wenn weniger Geld verschwendet würde. Doch der Bundesrechnungshof überprüft nur die Bundesbehörden, während
ich mich bei meinen Schätzungen auf die Ausgaben von
Bund, Ländern und Gemeinden beziehe. Daraus ergibt sich
ein beachtlicher Unterschied. Ein weiterer Unterschied
kommt hinzu: Der Rechnungshof bezog in seine Berechnungen auch Defizite im Steuervollzug ein und empfahl,
den ermäßigten Mehrwertsteuersatz und alle Steuersubven-
tionen gründlich zu überprüfen. Dagegen konzentrierten
wir uns ausschließlich auf die Kritik an den öffentlichen
Ausgaben. Wenn der Bundesrechnungshof erhebliche Defizite im Steuervollzug feststellt, dann hat das angesichts unseres komplizierten Steuerrechts seine Berechtigung. Ich
sehe jedoch keinen Grund dafür, jene Einnahmen einzubeziehen, die nach Meinung des Rechnungshofes dem Staat

durch das komplizierte und kaum noch zu durchschauende Steuerrecht entgehen, wenn es darum geht, die öffentliche Verschwendung zu beziffern. Denn meiner Auffassung nach liegt Verschwendung nur dann vor, wenn die Bewilligung oder Ausgabe öffentlicher Mittel unzulässig ist, da gegen einschlägige Gesetze, Verordnungen oder sonstige Rechtsvorschriften verstoßen wurde. Oder dann, wenn eine bewilligte Ausgabe keinen wirtschaftlichen Nutzen hat.

2 GESCHICHTEN AUS DEM SCHILDBÜRGERBILDERBUCH

Ausgehend von Friedmans Überlegungen zum Umgang mit Geld, unterscheide ich bei den Ursachen für die Verschwendung verschiedene Motive, auf die ich immer wieder stoße. Damit greife ich die Frage nach den Ursachen der Verschwendung erneut auf: Wie kommt es immer wieder zu solch abenteuerlichen Geschichten der Verschwendung? Wo immer sich öffentliche Investitionen zu Verschwendungsskandalen auswachsen, stellt sich heraus: Die Hauptursache des Debakels ist oft die Haltung, die die Handelnden gegenüber dem Geld an den Tag legen. Ich unterscheide sie nach folgenden Motiven:

- Eitelkeit: Politiker frönen ihrer Eitelkeit und handeln offenen Auges jeder vernünftigen Abwägung von Kosten und Nutzen zuwider. Sie wollen sich ein Denkmal setzen. Später soll es einmal heißen: Dieses Gebäude wurde von Bürgermeister X errichtet. Warum nicht gleich eine Straße nach ihm benennen? Oder sie wollen das Prestige ihrer Gemeinde, einer ganzen Region stärken: Jede Stadt braucht ein Stadion, und die Pfalz braucht unbedingt ein WM-Stadion!

- Verantwortungslosigkeit: Oft kann man die Planung und Durchführung von Projekten nur als dusselig bezeichnen: Die Planer handeln achtlos und schlampig. Wozu sich übermäßig anstrengen? Wozu vorausschauen? Ein zweites Motiv neben der Eitelkeit ist also die Verantwortungslosigkeit, mit der manche Planer zu Werke gehen.
- »Es ist ja nicht mein Geld«: Fast immer legen sie dabei außerdem eine Es-ist-ja-nicht-mein-Geld-Mentalität an den Tag. Denn bei privaten Ausgaben käme niemand auf die Idee, sich nicht gründlich über Preise, Qualität, vergleichbare Angebote zu informieren, zwischen Kosten und Nutzen abzuwägen und das Risiko zu kalkulieren. Doch sorgfältige Planung erfordert viel Einsatz. Warum aber sollte sich jemand besonders große Mühe geben, wenn es gar nicht das eigene Geld ist, das ausgegeben wird?
- »Es ist mein Geld«: Dann gibt es die Fälle von Ausgaben, die nach dem Motto »Es-ist-doch-mein-Geld« denen zugutekommen, die sie tätigen. Hier wird das Geld der Steuerzahler der jeweils eigenen Klientel zugeführt. Das reicht von unverhältnismäßigen Diätenerhöhungen bis zur Vergabe von Mitteln, die getreu der Devise »Eine Hand wäscht die andere« jenen zukommen, von denen man sich im Gegenzug die größte Unterstützung erhofft. Auch manche Annehmlichkeit für die eigenen Mitarbeiter ist hier hinzuzurechnen. Warum nicht mit dem Büro in eine Luxusvilla ziehen? Oder sich einmal eine Informationsreise nach Las Vegas leisten?

– Gut gemeint: Und schließlich gibt es zahlreiche Beispiele von Investitionen, die zwar gut gemeint sind, aber oft überhaupt keine Wirkung erzielen – frei nach dem Motto: Gut gemeint ist nicht gut gemacht.

Häufig wirken mehrere dieser Motive zusammen, wo immer es zu sinnlosen und ärgerlichen Verschwendungen kommt. Denn wenn jemand etwas gut meint, aber das Gegenteil bewirkt, dann wird wohl auch eine gewisse Verantwortungslosigkeit im Spiel gewesen sein. Und nahezu prinzipiell gilt, dass die wenigsten Skandale möglich wären, wenn die Verantwortlichen mit ihren privaten Ersparnissen haften würden – wenn es also wirklich ihr Sparkonto wäre, das von den Folgen ihres Handelns betroffen wäre.

Begeben wir uns für einen kurzen Augenblick ins Reich der Fantasie. Könnten wir uns vorstellen, dass Politiker und Beamte, die für Steuerausgaben verantwortlich sind, eine gänzlich andere Haltung an den Tag legen? Wie wäre es mit einer Art Moralkodex für öffentliche Ausgaben? Die Maxime könnte lauten: Gehe mit dem Geld der Kommune, des Landes, des Staates so um, als wären es deine privaten Ersparnisse. Frage dich, ob du als Privatmann für die geplante Maßnahme gerne Steuern zahlen würdest. Bedenke, dass es auch deine eigenen Steuern sind, die du ausgibst!

Diese von mir spekulativ formulierte Maxime eignet sich hervorragend als Hintergrund, um die folgenden Fallbeispiele von Steuergeldverschwendung zu lesen und zu bewerten. Die Beispiele stammen aus den vom Bund der Steuerzahler seit 1973 herausgegebenen Schwarzbüchern. Die Jahreszahlen hinter den Überschriften beziehen sich auf das

Jahr des Schwarzbuches, in dem ein geschilderter Fall erschienen ist.

EITELKEIT

Teure Schiffsarie (1990)

Es war eine schöne Idee, mit der die Stadt Kiel sich ein kulturfreundliches Image geben und zugleich zur Völkerverständigung beitragen wollte. Am 16. Mai sollte der Luxusliner »Fedor Dostojewski« in See stechen und bis 6. Juni auf seiner Reise durch das vom Kalten Krieg gebeutelte Baltische Meer den damaligen Ostblock ansteuern. Damals hieß Petersburg noch Leningrad, und die Kieler Seefahrer wollten in der russischen Metropole ebenso wie in der estnischen Hauptstadt Tallinn vor Anker gehen. Doch nicht nur politisch war das Abenteuer gewagt, denn geplant war die Unternehmung als Opernkreuzfahrt des Kieler Theaterensembles. Es galt also, 200 Kulturliebhaber zu gewinnen, die bereit waren, drei Wochen Zeit und bis zu 4700 Mark aufzubringen. Doch die Organisatoren hatten den Markt nicht realistisch eingeschätzt, Kiel ist nicht London oder New York, und so war etwa vier Wochen, bevor die Anker gelichtet werden sollten, erst die Hälfte der Karten verkauft.

Wer eine besonders originelle Idee hat, kann sich der öffentlichen Aufmerksamkeit gewiss sein. Doch die Geister, die man damit ruft, wird man so schnell nicht wieder los. Auch dann nicht, wenn das Projekt zu scheitern droht und man es am liebsten so unauffällig wie möglich unter den

Teppich kehren würde. Um der Blamage zu entgehen, entschloss sich der Bürgermeister kurzerhand dazu, das Reisetheater mit einer Bürgschaft von 825 000 Mark abzusichern. Er tat dies per Eilentscheidung – es waren schließlich sein Ruf und sein nächster Wahlerfolg, die es zu retten galt. Gleichzeitig versuchte man, die noch verfügbaren 100 Karten an Angestellte des Rathauses, der Landesregierung und der Städtischen Betriebe mit Preisnachlässen von bis zu 70 Prozent loszuschlagen. Bis zu 3290 Mark wurden den Kreuzfahrern damit auf Kosten des Steuerzahlers geschenkt. Das ging der CDU-Fraktion zu weit. Sie stellte Strafanzeige gegen den Kieler Bürgermeister, der sich wegen Verstößen gegen die Gemeindeordnung und wegen »Untreue« nach § 266 des Strafgesetzbuches verantworten musste. Ob man während der Fahrt Dostojewskis *Der Spieler* aufgeführt hat? *Der Geizige* von Molière wird es wohl nicht gewesen sein.

Badevergnügen (1976)

Was tun Menschen, wenn sie zu viel Geld haben? Sie leisten sich allerlei Luxusgegenstände. Schöne Dinge, die den Reichtum nach außen sichtbar machen. Häufig verbinden sie dies mit immer neuen Hobbys. Es gab Zeiten, da ließ sich jede Kleinfamilie der besserverdienenden Mittelschicht eine Sauna ins Haus einbauen. Es folgten die Super-8-Kamera, der Diaprojektor, das Wohnmobil. Oder aufwendig angelegte Gartenteiche mit terrakottagefliesten Wegen, kleinen Holzstegen und hier und da einem hübschen Wasserspiel – alles eben, womit man sich ein bisschen Toskana in den Garten holte. Die Siebziger- und Achtzigerjahre waren eine solche Zeit, in der es den Menschen in der BRD gut ging. Das Thema Geldsorgen dröhnte damals noch nicht mit derselben Lautstärke wie heute. Das galt auch für die Städte und Gemeinden. Und was die Sauna oder der Gartenteich der Kleinfamilie, ist den Kommunen das Hallenbad.

»Gemeinden gehen baden«, titelten daher die Redakteure des Schwarzbuchs von 1976 in einem Absatz, in dem sie einen wahren Bauboom von Hallenbädern anprangerten. Womit die Gemeinden insofern baden gingen, als die Auslastung der neu errichteten Bäder angesichts des Überangebots zu wünschen ließ. Und damit wurden die schönen Prestigeobjekte für die öffentlichen Betreiber zum Verlustgeschäft. In Stuttgart etwa hatten die Leute sieben Hallenbäder vor der Haustür. Die Stadt verfolgte einen »goldenen Plan«, um sich mit Badeanstalten auszustatten. Anstelle der Zahl von Badegästen stieg jedoch der Zuschussbedarf an Steuergeldern. Doch was kümmert das die sparsamen Schwaben? Sie bauten noch ein achtes Bad. Nun sind herrlich ausgestattete Bäder seit der Antike ein Inbegriff des Luxus. Da versteht es sich von selbst, dass auch beim modernen Bäderbau nicht gekleckert werden darf. Die Stadt Sindelfingen etwa leistete sich ein zweites Hallenbad im Wert von 25 Millionen Mark, wobei allein die aufwendige Dachkonstruktion die Hälfte der Summe verschlang. In der 7000-Einwohner-Stadt Kleinostheim wiederum hoffte man, das neue 10-Millionen-Allwetterbad mit 50-Meter-Schwimmbecken, Bowlingbahnen, Restaurant, Solarien, medizinischen Badeeinrichtungen und Saunen würde sich in wesentlichen Teilen durch die zu erwartenden Besucher finanzieren lassen. Die überflüssige und unüberlegte Bau- und Badewut der Gemeinden ist aus der heutigen Perspektive angesichts knapper Kassen vollkommen unverständlich.

Kanzler-U-Bahn (2009)

Mit der Kanzler-U-Bahn, einem Prestigeobjekt der Regierung Kohl, gelang der Politik eine ganz besondere Kosten-Nutzen-Optimierung. Was das ist? Eine U-Bahn, die nur der Kanzler benutzen darf? Eine Linie, deren Bau der Kanzler höchstpersönlich in Auftrag gegeben hat? Die später einmal seinen Namen tragen wird? Wie auch immer, bezahlt wurde sie vom Steuerzahler. Es handelt sich um die kürzeste U-Bahnlinie Deutschlands, sie führt vom Berliner Hauptbahnhof zum Brandenburger Tor, mit Zwischenstopp am Bundestag. 1,8 Kilometer Strecke und 180 Sekunden Fahrzeit auf der Habenseite stehen 14 Jahren Bauzeit und 320 Millionen Euro Baukosten auf der Sollseite gegenüber. Und auch hier hatte die Geschichte den üblichen Verlauf aller Baukostenexplosionen genommen. 1995 begonnen, stoppte Berlins Regierender Bürgermeister Klaus Wowereit (SPD) den Bau 2001, da er zu teuer wurde und das Geld nicht ausreichte. Doch der Bund hatte als größter Geldgeber bereits 150 Millionen Euro investiert. Er wollte eine Bauruine unter dem Kanzleramt nicht hinnehmen und drohte, das Geld von der Stadt Berlin zurückzufordern. Allein diese Auseinandersetzung dauerte weitere drei Jahre, erst 2004 entschloss man sich zum Weiterbau der U-Bahnlinie. Dabei ergaben sich schwierige Bodenverhältnisse unter dem Brandenburger Tor, sodass der avisierte Termin der Fertigstellung um drei weitere Jahre verschoben werden musste. Nun ist die Strecke seit dem 8.8.2009 eröffnet. Doch obgleich die U-Bahn-Station am Brandenburger Tor mit großartigen Fotos von der bewegten Geschichte dieses Ortes eine Art öffentliches Museum bietet, hat die neue Linie im Vergleich zu anderen U-Bahnlinien nur wenig Nutzer. Sie liegt nun mal genau unter den Sehenswürdigkeiten, die man als Tourist gerne oberirdisch erläuft: Vom Brandenburger Tor am Reichstag vorbei, zwischen Bundestag und Kanzleramt hindurch und über die Spree zum Hauptbahnhof führt ein schöner Spaziergang. Da die Kanzler-U-Bahn, die den offiziellen Namen U55 trägt, nur alle zehn Minuten fährt, ist man zu Fuß auch fast genauso schnell.

VERANTWORTUNGSLOSIGKEIT

Pleiten, Pech und Pannen (1997, 2002, 2007)

Was tun, wenn die Gemeinde bereits ein Hallenbad hat? Oder sich doch darauf besinnt, dass es sich angesichts von bereits vorhandenen Bädern in der Nachbarschaft nicht rechnen würde, eins zu bauen? Nun, als Prestigeprojekte erfreuen sich Sporthallen einer mindestens ebenso großen Beliebtheit. Eine große Zahl der in den Schwarzbüchern geschilderten Fälle handelt von Sporthallen, deren Bau astronomische Summen verschlang, die – wie könnte es anders sein – so nie geplant waren.

Ein besonders schönes Beispiel lieferte die gut 15 000 Einwohner zählende Gemeinde Halstenbek im Süden Schleswig-Holsteins. Dort begann man in den 1980er-Jahren mit der Planung einer neuen Sporthalle. Die Pläne waren extravagant: Eine teilweise unterirdische Halle sollte es sein, mit einer elliptischen Glaskuppel. 1992 beschloss man einen Kostenrahmen von 5 Millionen Mark. Es folgte ein jahrzehntelanges Debakel mit zahlreichen Stationen: 1995 lagen die Kosten bei 13,6 Millionen, noch bevor 1996 der Grundstein gelegt wurde. Schon im Juli 1996 wusste man, dass die Kosten weiter auf 15,6 Millionen Mark steigen würden. Erst nach der Grundsteinlegung stellte man fest, dass die Planungen beim Baubeginn nicht abgeschlossen und zu diesem Zeitpunkt noch nicht einmal die Ausschreibungen für alle Gewerke erfolgt waren. Deshalb war es nach wie vor nicht möglich, den Gesamtpreis zu beziffern. Dann, in der Nacht zum 5. Februar 1997, stürzte die Glaskuppel ein. Doch die Gemeinde Halstenbek gab sich nicht geschlagen. Erst als ein Jahr später auch die wiederaufgebaute Sporthalle zusammenbrach, war das Ende des Projektes – zumindest in der geplanten architektonischen Ausführung – besiegelt. Es dauerte einige Jahre, bis die Halstenbeker sich von Spott und Schaden erholten. Denn mit einem gewissen Galgenhumor hatten die Bürger die teure Bauruine »Knick-Ei« getauft. Ende 2006 schließlich begannen sie, die eingestürzte Halle abzubauen und an derselben Stelle einen neuen Bau von eher gewöhnlicher Architektur zu errichten. Inzwischen hatte das »Knick-Ei« es geschafft, mit seiner langen Geschichte in drei Schwarzbüchern Erwähnung zu finden! Seit September 2008 gibt es in Halstenbek eine Sporthalle.

Sie ist architektonisch nichts Besonderes, aber man wird dort wohl gut turnen können.

Der schnelle Beton (2002)

Bauliche Maßnahmen sind bei Kommunen immer beliebt. So geschieht es häufig, dass ein Entschluss schon in Beton gegossen ist, noch ehe die Planer so recht über dessen Sinn nachgedacht haben. Das hat den Nachteil, dass die Rücknahme solcher Entschlüsse meistens noch mal eine Stange Geld kostet. Auch bewegen sich solche Vorgänge nah an so mancher Strategie, die sich bei näherem Hinsehen ebenfalls nur als Beschäftigungsmaßnahme entpuppt. Denn immerhin verdient ja die eine oder andere Baufirma an dem schlechten Geschäft. Etwa im hessischen Fritzlar. Hier wollte man besonders schlau sein und als Gemeinde Geld verdienen, indem man versuchte, ein bestimmtes Grundstück in die Straßenerschließung mit einzubeziehen. Man investierte 4000 Mark in eine Treppe, die einen zwischen der Straße und dem Grundstück gelegenen Grünstreifen überbrückte, um so an den Grundstückseigentümer eine Forderung von »Erschließungsbeiträgen« in Höhe von 20 000 Mark stellen zu können. 16 000 Mark Gewinn für ein paar Kubikmeter Beton, die über ein Stück Wiese führen. Das klingt an sich schon abenteuerlich. Doch kaum war die Treppe gebaut, dämmerte es den Verantwortlichen, dass das Grundstück auf der Rückseite bereits durch eine andere Straße erschlossen war. Schwierig, dem Eigentümer zu erklären, wieso er für den überflüssigen Zugang zahlen soll.

Also baute man die Treppe kurzerhand wieder ab – für weitere 2000 Mark.

Teure Sparmaßnahme (1995)

Wenn ein Unternehmen oder eine öffentliche Einrichtung Leistungen nicht mehr intern erbringt, sondern an externe Dienstleister vergibt, so wird dieser Vorgang – Dank der in der Wirtschaftssprache verbreiteten Anglizismen – als Outsourcing bezeichnet. Als besondere Form des Outsourcings gilt das Facility-Management, noch so ein wohlklingender Terminus, der für alle Aufgaben rund um die Bewirtschaftung und Verwaltung von Gebäuden steht. Indem außerhalb liegende Quellen angezapft werden, erhofft man sich deutliche Einsparungen, denn hier können Verträge flexibler gestaltet und kurzfristiger geschlossen oder wieder aufgelöst werden. Am Ende entstehen also weniger Kosten. Sollte man meinen.

In den letzten Jahrzehnten sind auch öffentliche Einrichtungen zunehmend dazu angehalten, wirtschaftlicher zu haushalten. So versuchte die Leitung im Berliner Universitätsklinikum Charité, sich im Zuge von Sparmaßnahmen ebenfalls des Outsourcings zu bedienen. Dabei ist es gelungen, die Aufgaben von Bewachungsdiensten und Stationshilfediensten, also Teile des Facility-Managements, so nach außen zu vergeben, dass Mehrkosten von 630 000 Mark im Jahr für die Bewacher und sogar 1,29 Millionen Mark für die Stationshilfen anfielen. Gut zwei Millionen Mark für den Versuch, mit öffentlichen Mitteln sparsamer umzugehen und sich dabei moderner wirtschaftlicher Strategien zu bedienen! Als man den Schaden bemerkte und nach den Ursachen fahndete, stellte sich heraus, dass die Klinikleitung keine öffentliche Ausschreibung durchgeführt und dann die vorhandenen Angebote nicht auf ihre Wirtschaftlichkeit hin überprüft hatte. Jedem privaten Käufer ist es eine Selbstverständlichkeit: Man informiert sich über das Produkt, vergleicht Preise und Leistungen. In der Charité wurde das offenbar einfach außer Acht gelassen. Dusseligkeit? Oder ein Beispiel dafür, dass man es bei der Ausgabe von öffentlichen Mitteln nicht für der Mühe wert hält, die notwendige Sorgfalt an den Tag zu legen? Was sind schon zwei Millionen, sagt sich vermutlich der Angestellte, der abends nach Dienstschluss wieder mal Stunden auf der Suche nach Schnäppchen bei eBay verbringt.

Blutspuren (1978)

Die Folgen mancher Fehlplanung möchte ich mir nicht allzu bildlich vorstellen. Blut, in Flaschen abgefüllt, das irgendwie den fast einen Kilometer langen Weg vom Rot-Kreuz-Blutspendedienst zur Universitätsklinik in Frankfurt zurücklegen muss. Da kam jemand auf die Idee, die Flaschen durch eine Rohrpostanlage zu schicken. Ein ungewöhnlicher Einfall, mit dem jedoch durchaus Zeit und Geld gespart werden könnte. Hätte gespart werden können. Denn leider wurden bei der Planung der Anlage so viele Fehler gemacht, dass sie am Ende nur als Bauruine ihr Dasein fristete. Ein Grab für 185 000 Mark Steuergelder. Was war ge-

schehen? Zunächst hatte man die Konstruktion so flach unter der Erde verlegt, dass sie bei Baggerarbeiten mehrfach
beschädigt wurde. Und eben dieses möchte ich mir nicht
bildlich vorstellen. Was für ein Blutbad hätte das gegeben,
wäre die Anlage tatsächlich in Betrieb genommen worden!
Dann stellten die offenbar sehr kurzsichtigen Planer nach
der Fertigstellung fest, dass der Blutbedarf in der Zwischenzeit auf das Doppelte angestiegen war. Noch nagelneu, war
die Rohrpostanlage bereits erheblich zu klein. So endete die
Geschichte dieses Rohrkrepierers damit, dass das Blut nun,
nicht mehr in Flaschen, sondern in Beuteln abgefüllt, in
Kühlwagen in die Klinik gefahren wird.

Wegwerfgesellschaft (1991)

In jüngster Zeit ging die Frage durch die Medien, wie wir
mit unseren Lebensmitteln umgehen und vor allem, wie
viele davon täglich im Abfall landen. »Taste the Waste« heißt
der dazugehörige Slogan. Die Initiative kam von höchster
Stelle, denn es war das Verbraucherministerium, das im
Zuge einer öffentlichen Kampagne für einen bewussteren
Umgang mit Nahrungsmitteln warb. Da hätte man allein
schon einen Grund, die Stadt Frankfurt zu rügen. Sie muss-
te fast zwei Drittel eines Büffets für etwa 1500 Besucher im
Wert von 96 000 Mark wegwerfen. Das Ganze war für eine
Generalprobe der Wiedereröffnung der Frankfurter Oper
bestellt. Nun neigen Generalproben dazu, zeitlich aus dem
Ruder zu laufen. Alles, was in den letzten Stunden vor der
Premiere noch nicht reibungslos funktioniert, muss in Ord-

nung gebracht, jeder menschliche Fehler oder technische Defekt in letzter Sekunde behoben werden. Wer den Theaterbetrieb kennt, müsste das wissen. Waren es also möglicherweise städtische Bedienstete, die, theaterfern, für die Organisation des Kulinarischen verantwortlich zeichneten? Vielleicht dachten sie sich, dass so ein Probedurchlauf nur dann erlebnisecht ist, wenn auch das Büffet stimmt? Allein, die Generalprobe zur Eröffnung der Frankfurter Oper wollte wegen technischer Pannen kein Ende nehmen. Als das Proben-Büffet um 23.50 Uhr schließlich doch noch eröffnet werden konnte, waren die meisten Gäste bereits gegangen. Sie verschmähten den von der Stadt so großzügig spendierten Luxus. Sollte man ihnen einen Vorwurf machen, weil ihre Mägen nicht lange genug durchhielten? So schnell jedenfalls, im Verlauf nur eines Tages, können Nahrungsmittel für gut 60 000 Mark mal eben in der Mülltonne landen.

Pendeleien (1976)

Wer rastet, der rostet. Das sei allen Pendlern mit auf den Weg gegeben, die das tägliche Hin und Her zwischen Heim und Arbeitsplatz nicht als pures Reisevergnügen empfinden. Ganz abgesehen von den Kosten. Doch die, dem Staat sei's gedankt, trägt ja zu einem erheblichen Teil der Steuerzahler. Spielt es da eine Rolle, wie viele Mitarbeiter zwangsumgesiedelt werden, wenn der Arbeitgeber sich für einen Ortswechsel entscheidet? Als in Nordhessen der Schwalm-Eder-Kreis mit Kreissitz in Homberg gegründet wurde, schien es den verantwortlichen Kreispolitikern geboten, das Landratsamt aus dem knapp 20 Kilometer entfernten Fritzlar in die neue Kreisstadt zu verlegen. Doch offenbar gab es für das neue Amt keinen Platz, sodass man das in Homberg ansässige Finanzamt nach Fritzlar umsiedelte. Das Ämtertauschgeschäft hatte eine rechte Pendelei zur Folge. Von nun an reisten die 150 Mitarbeiter des Landratsamts täglich von Fritzlar nach Homberg und zurück, wobei sie unterwegs den 150 Mitarbeitern des Finanzamtes begegneten, die in umgekehrter Richtung zwischen Homberg und Fritzlar pendelten. Es könnte einem glatt schwindlig werden. Auch angesichts der 130 000 Mark, die dieses Karussell den Steuerzahler jährlich kostete. Und die, die jeden Tag eine zusätzliche halbe oder ganze Stunde auf den Straßen zwischen den beiden Kleinstädten verbrachten, werden es mit dem erzgebirgischen Dichter Arthur Schramm gehalten haben, der angeblich reimte: »Das Reh springt hoch, das Reh springt weit. Warum auch nicht? Es hat ja Zeit!«

Köln (2008)

Heute wissen wir, was 2008 noch wenig bekannt war: Die Kölner sind mit dem Bau ihrer U-Bahn maßlos überfordert. Als die Stadt 1986 die Philharmonie mit ihrem unterirdischen Konzertsaal erbaute, wurde zugleich ein darunterliegender U-Bahn-Tunnel gegraben. Doch erst gut 20 Jahre später machte man sich daran, den Tunnel und die damit verbundene Strecke fertigzustellen. Zu diesem Zeitpunkt war jedoch bereits klar, dass sich mit der neuen Nord-Süd-

Linie ein Problem ergeben würde: Konzerte, Proben und Rundfunkaufnahmen im Saal der Philharmonie werden aller Voraussicht nach durch den Lärm der U-Bahn empfindlich gestört. Die unterirdischen Verhältnisse in Köln sind akustisch so beschaffen, dass selbst Fußgängerschritte und über das Pflaster gezogene Rollenkoffer lautstark in den Konzertsaal dringen. Deshalb wird der darüber liegende Heinrich-Böll-Platz regelmäßig gesperrt, und zwar immer dann, wenn Proben und Konzerte anstehen – bis zu 1000 Mal pro Jahr. Die dadurch entstehenden Kosten beliefen sich zwischen 1999 und 2007 auf etwa 869 000 Euro.

Der Fall hat seit seinem Eintrag in das Schwarzbuch von 2008 längst eine Fortsetzung erfahren. Denn nun soll bald der Betrieb der U-Bahnlinie hinzukommen. Erste »Rütteltests« vom Frühjahr 2009 ergaben, dass vermutlich auch die U-Bahn ihren Betrieb einschränken wird, wenn in der Philharmonie Konzerte stattfinden. Damit handelt sich die Stadt Köln eine hausgemachte, von langer Hand geplante Dauerstörung ihres Verkehrsbetriebs ein. Inzwischen hat die unselige neue U-Bahn noch ganz andere Opfer gekostet, nicht nur in finanzieller Hinsicht. Nach dem Einsturz des Historischen Stadtarchivs im März 2009 wird wegen fahrlässiger Tötung, Betrug, Baugefährdung, Dokumentenfälschung, Diebstahl von Baumaterial sowie Fälschung von Messprotokollen ermittelt. Die Restaurierung der Archivalien wird rund 30 Jahre dauern. Auch das wird nicht zuletzt in der Stadtkasse ein ordentliches Gerüttel geben.

Ordnung muss sein (1983)

Wir Deutschen sind ja dafür bekannt, dass es bei uns angeblich besonders gesittet zugeht. Alles hat seine klaren Regeln, läuft streng nach Recht und Gesetz, kurz: Alles soll seine Ordnung haben. Dennoch sei es erlaubt, zu fragen, ob nicht der Einsatz des gesunden Menschenverstandes manchmal angezeigt wäre, um die ein oder andere überflüssige Ausgabe zu vermeiden. In Aachen erhielt ein Bürger Post vom Finanzamt, in einem Umschlag, der – ordnungsgemäß – mit 80 Pfennig frankiert war. Der Inhalt des Bescheids lautete:

Steuerschuld	0,00 DM
Vorauszahlungssoll	0,00 DM
Abschlusssoll	0,00 DM
Entrichtet	0,00 DM

Amtsschimmel (2009)

Geld ist Geld. Warum sollte man auf etwas verzichten, was einem zusteht? Und warum sollte eine Gemeinde dies tun? Oder ein städtisches Tiefbauamt? Die Bewohner der sachsen-anhaltinischen Hansestadt Stendal erhielten vom Tiefbauamt Bescheide über Beiträge zur Gewässerunterhaltung. Offenbar hatte man sich dort das Sprichwort »Wer den Pfennig nicht ehrt, ist des Talers nicht wert« zum Leitspruch gewählt, und so wurden auch Bescheide über 34 Cent pro Jahr, rückwirkend für 2007 und 2008 verschickt. Nun frage ich mich, ob es zusätzliche, womöglich noch höhere Kosten verursacht hätte, wenn jemand mit einem Blick auf diese Zahlen errechnet hätte, dass das ein Verlustgeschäft ist? Wäre es möglich, sogar ohne Taschenrechner zu diesem Schluss zu kommen? Denn für die Versendung der Bescheide fallen ja nicht nur 55 Cent Portokosten, sondern auch Verwaltungskosten an. Die Einnahme von 34 Cent kann die Ausgaben also keinesfalls decken.

Außer Spesen nichts gewesen (2009)

Manche Amtsträger nehmen ihre Aufgaben wirklich ernst. In der Stadt Bad Oeynhausen ergab sich folgendes Problem: Die Stadtwerke wollten Abwassergebührenbescheide versenden, um so die entsprechenden Beiträge vom Bürger einzutreiben. Voraussetzung dafür waren genaue Informationen über die Flächen aller Grundstücke Bad Oeynhausens. Ohne diese Informationen wären die versendeten Bescheide nicht rechtskräftig, und es drohten, wie der Vorstand der Stadtwerke argumentierte, Nachzahlungen, die man den Bürgern ersparen wollte. Nun hat, wie so oft, das Wort »sparen« auch hier wieder einen trügerischen Klang. Denn um die Bürger von der Unannehmlichkeit einer Nachzahlung zu verschonen, nahmen die Stadtwerke eine Menge Geld in die Hand. Für 20 000 Euro ließen sie Luftaufnahmen erstellen. Diese Fotos von oben lieferten die fehlenden Angaben über die Grundstücke. Das Ärgerliche daran ist, dass nur eine Woche zuvor bereits das Landesvermessungsamt Bad Oeynhausen solche Fotos anfertigen ließ. Innerhalb von zwei Wochen kreiste also zweimal ein Flugzeug für Bildaufnahmen über der Stadt, wofür zwei verschiedene Ämter ihren Etat belasteten. Doch das Landesvermessungsamt wollte seine Fotos erst im September anderen Einrichtungen zur Verfügung stellen. Zu spät für die Abwassergebührenbescheide. So lange konnten die Stadtwerke nicht warten.

Totes Kapital (1990)

Die Einhaltung von Regeln muss nicht in jedem Fall sinnvoll sein. Was, wenn das Kind schon in den Brunnen gefallen ist, sollte man dann immer noch auf der Regel beharren? Diese Frage stelle ich mir anhand einer Begebenheit, die sich an der Universität Oldenburg abgespielte. Die für die Universität geltenden Regeln werden vom Wissenschaftsministerium ausgegeben. Wenn es um Geld geht, verweist dieses jedoch unter Umständen auf das Finanzministerium. Und dort heißt eine Richtlinie aus der Landeshaushaltsordnung, dass Landeseinrichtungen, also auch Universitäten, ihr Kapital nur zinsbringend anlegen dürfen. Wie so oft ist der Weg durch die Ministerien jedoch lang, und als das Finanzministerium diese Stellungnahme abgab, da besaß die Universitätsbibliothek in Oldenburg bereits zwei Geldwechselautomaten, die insgesamt 10 000 Mark gekostet hatten. Der eine sollte 5-DM-Stücke für Schließfächer, der andere 10-Pfennig-Stücke für den Kopierer ausgeben. Dazu müssen die Automaten mit den entsprechenden Münzen bestückt werden. Und diese, insgesamt 2000 Mark in 5-DM- und 10-Pfennig-Münzen, sind der Stein des Anstoßes. Denn in den Augen des Finanzministeriums handelt es sich dabei um eine Anlage der Universität, die »totes Kapital« darstellt, da sie nicht im Sinne der Landeshaushaltsordnung Zinsen einbringt – und damit wurde das Betreiben der bereits vorhandenen Automaten kurzerhand untersagt. Gleich zwei Dinge laufen hier offenbar schief. Zum einen geschieht es gar nicht selten, dass Ausgaben getätigt werden, noch bevor die erforderlichen Genehmigungen vorliegen. Da hat man die Rechnung dann ohne den Wirt gemacht. Zum anderen treibt der Dschungel an Kompetenzen und Richtlinien bisweilen absurde Blüten. Welcher Leiter einer Universitätsbibliothek käme schon auf die Idee, das Betreiben von Münzautomaten müsse an einer Finanzrichtlinie über die zinsbringende Anlage von Kapital scheitern? Doch Gesetz ist Gesetz. Um »totes Kapital« von 2000 Mark zu vermeiden, nimmt man in Niedersachsen lieber zwei »tote« Automaten in Kauf – 10 000 Mark, die ungenutzt in der Gegend stehen.

Logo! (2009)

Universitäten haben es schwer. Eine derzeit missliche Entwicklung geht dahin, dass immer weniger Beschäftigte von den Hochschulen ein Angestelltenverhältnis erhalten. Stattdessen wird ein großer Teil der Lehre von sogenannten Lehrbeauftragten bestritten, die auf Honorarbasis unterrichten. Diese befinden sich in sogenannten prekären Arbeitsverhältnissen, denn als Freiberufler sind sie einerseits nicht sozialversichert, andererseits erhalten sie für ihre Lehraufträge jedoch einen Hungerlohn. Ein Lehrbeauftragter erhält für ein Semester Unterricht zwischen 500 und

1000 Euro, ein sogenannter »Gastprofessor«, soll heißen, ein Professor, der auf Honorarbasis unterrichtet, erhält bis zu 1500 Euro. Wohlgemerkt, es handelt sich nicht um einen Monatslohn, sondern 1500 Euro in sechs Monaten! Das ist indessen nicht nur für die betroffenen Akademiker bedenklich, denen der wissenschaftliche Betrieb nicht mehr genügend Möglichkeiten bietet, ihren Lebensunterhalt zu finanzieren. Denn die Lehraufträge gelten immer nur für ein Semester, die Fluktuation ist damit hoch. So mangelt es der Lehre an Kontinuität und den Studenten an einem zuverlässigen Stamm von Lehrpersonal. Darunter leidet schließlich auch die Qualität. Es ist eine fatale Situation, und man würde sich nichts mehr wünschen, als dass das Geld, das in die Hochschulen fließt, in Stellen investiert wird, um so einen dauerhaften Lehrbetrieb zu sichern. Und es fließt Geld in die Hochschulen – die Ausgaben für Bildung sind in den letzten Jahren ständig erhöht worden. Doch wo kommt das Geld an?

Die Universität Rostock, die einen großen Stab an Lehrbeauftragten und im Verhältnis dazu wenig feste Stellen zu vergeben hat, fand, sie stehe in den Rankings, die von verschiedenen Printmedien veröffentlicht werden, nicht gut da. Eine bessere Platzierung in den Listen von *Spiegel*, *Focus* oder *Zeit*, so dachte man sich, hätte sicher viele Vorteile: Mehr Studenten würden sich für die Stadt an der Ostsee entscheiden, es würde einfacher, die so dringend benötigten Drittmittel einzuwerben. Also beauftragte man eine Werbeagentur in Nürnberg, ein neues Corporate Design zu entwickeln. Ein neues Universitäts-Logo sollte es sein, zusammen mit einem Internetauftritt. Der Entwurf der Agentur gefiel den Angehörigen der Universität jedoch nicht – weder den Lehrenden noch den Studierenden. So kehrte man zu einer überarbeiteten Variante des alten Siegels zurück. Die Werbeagentur erhielt insgesamt 250 000 Euro für diesen Auftrag. Vergleicht man diese Zahl mit den Mitteln, die für die Lehre ausgegeben werden, wird einem schwindelig.

Länger als lebenslänglich (2011)

Kennen Sie das? Ein Vertreter hat Sie vor Ihrer Haustür oder in einer Fußgängerzone um den Finger gewickelt, in einer schwachen Minute konnten Sie nicht Nein sagen und haben, vielleicht auch nicht ganz bei der Sache, einen Vertrag unterschrieben, der Sie zu einem sechsmonatigen Abonnement der Regionalzeitung verpflichtet. Leider haben Sie außerdem das Kleingedruckte nicht gelesen – vor Ablauf der sechs Monate kommen Sie aus der Sache nicht mehr raus, und das Geld für das Abonnement ist hin. Dabei interessiert Sie die Regionalzeitung eigentlich gar nicht. Das ist bitter. Das einzig Gute an solchen Geschichten: Wir lernen daraus, und sechs Monate gehen vorbei.

In der niedersächsischen Stadt Garbsen ist den Stadtvätern ein ähnliches Missgeschick unterlaufen. Das wäre verzeihlich, Irren ist menschlich. Doch raubt mir das Ausmaß schlicht die Sprache. Im Jahr 1974 wollte die zu Garbsen gehörende Gemeinde Berenbostel eine Sportanlage bauen. Dazu unterschrieb sie einen Pachtvertrag über ein Grundstück, mit dem sie sich auf 99 Jahre als Pächter verpflichtete. Die jährliche Pachtsumme ist fünfstellig, bis zum Jahr 2011 waren rund 1,1 Millionen Euro bezahlt, und bis zum Ablauf des Vertrags im Jahr 2072 werden weitere 2,5 Millionen hinzukommen. Nun frage ich mich: Kann es sein, dass die Unterzeichnung eines so langfristigen, mit derart hohen Kosten verbundenen Vertrages nebenbei geschah? Dass man die Folgen des Vertrages nicht bedacht hatte? Jedenfalls erwies sich das Grundstück für den Bau einer Sportanlage als ungeeignet – zu uneben war das Gelände. Unglücklicherweise schreibt der Pachtvertrag ausschließlich eine Bebauung mit Sportanlagen vor. Eine alternative Nutzung des Grundstücks wird damit ausgeschlossen, und so verwildert der gute Boden fast 100 Jahre lang und für insgesamt 3,6 Millionen Euro Pachtzins friedlich vor sich hin. Ich nehme an, Umweltschützer werden sich darüber freuen.

Nicht Herr der Gezeiten (2010)

In der Nähe von Hamburg gibt es eine Schildbürgergemeinde, deren offizieller Name Buxtehude lautet. Durch die Stadt fließt der kleine Fluss Este, der einige Kilometer nördlich in die Elbe mündet. Über die Este wiederum verläuft eine Hafenbrücke, die den am Ufer entlangflanierenden Spaziergängern ein Hindernis ist. Sie müssen, wo sie auf die Brücke stoßen, den Uferweg verlassen und auf die Brücke hinauf, um auf der anderen Seite wieder hinunterzusteigen und ihren Weg am Fluss fortzusetzen. Das ist nicht bequem, und deshalb investierte die Gemeinde in einen 36 Meter langen Schwimmsteg. Auf diesem sollte der Fußgänger ohne Mühen unter der Brücke hindurch auf die andere Seite gelangen. Das Tolle an so einem Schwimmsteg ist die Tatsache, dass er, wenn der Wasserpegel aufgrund der Gezeiten steigt, nicht überflutet wird. Da an seiner Unterseite Schwimmkörper befestigt sind, wird er stattdessen vom steigenden Wasser einfach mit angehoben. Was wiederum nicht so praktisch ist, wenn sich über dem Steg eine Brücke befindet. In Buxtehude, wo der Unterschied der Wasserstände durch den Tidenhub beträchtlich ist, bleibt mitunter nur noch ein knapper Meter zwischen Brücke und Steg. Da könnte man als Fußgänger nur noch unter der Brücke hindurchkriechen, und das wäre dann doch nicht so bequem. Der Komponist Dietrich Buxtehude (1637–1707), ein berühmter Namensvetter der Stadt, soll sich einmal so über seine Chorsänger geärgert haben, dass er ihnen eine Fuge schrieb, an deren Beginn der Chor mehrere Minuten nichts anderes singt als »Wir können nichts, wir können nichts, wir können nichts« ...

Von Amts wegen inkompetent (2009)

Beraterfirmen stehen nicht immer in einem guten Ruf. Viele sprechen ihnen schlicht den Sinn ab, behaupten, sie täten für viel Geld, was der Beratene auch selbst erledigen könnte. Andererseits gibt es genügend Situationen, in denen Beratung hilfreich und sinnvoll ist. Und natürlich finden sich viele Berater in der Politik. Die Vielzahl der Themen und Sachfragen, mit denen ein Politiker sich zu befassen hat, ist zu groß, die Aufgaben sind zu komplex und in ihren Details zu unübersichtlich, als dass man wichtige Entscheidungen

nur der Verantwortung des einzelnen Abgeordneten überlassen könnte. Da ist guter fachlicher Rat einfach gefragt.
Anders liegt die Sache jedoch bei den Ministerien. Hier arbeiten, abgesehen vom Minister, Beamte, die nicht an die
Wechselfälle der Politik mit ihren manchmal kurzen Wahl-
perioden gebunden sind. Sie haben sich im Verlauf ihrer
Karriere teilweise überragende Fachkompetenz angeeignet
und sollten unbedingt wissen, was sie tun. Als das Land
Nordrhein-Westfalen seine Abiturprüfungen auf das Zen-
tralabitur umstellte, erwies sich das zuständige Ministerium
für Schule und Weiterbildung jedoch als Hort der Inkompe-
tenz. Die neuen, zentral im Ministerium ausgearbeiteten
Prüfungen waren lückenhaft, es fehlten Angaben oder es
gab Unklarheiten bei der Formulierung der Fragestellun-
gen. Die Mängel waren so gravierend, dass den betroffenen
Schülern im Fach Mathematik sogar Nachprüfungen angeboten werden mussten. Nun sollte man meinen, ein Ministerium für Schule beschäftige genügend Beamte, die sich auf
das Thema verstehen und die gegebenenfalls auch in der
Lage wären, Prüfungen korrekt auszuarbeiten. Nach dem
Desaster klüger geworden, traute die damalige Ministerin
Barbara Sommer dies ihren Mitarbeitern jedoch nicht mehr
zu. Sie vergab die Aufgabe an eine externe Beratungsfirma,
die das Ministerium für 500 000 Euro jährlich bei der Erstel-
lung der Abiturprüfungen unterstützen sollte. Wir kennen
diesen Vorgang des Outsourcings, wie es Unternehmen
häufig tun, die bestimmte Arbeitsprozesse an freie, externe
Mitarbeiter vergeben mit dem kleinen, feinen Unterschied,
dass die Unternehmen dabei jene Stellen einsparen, die für
die Aufgabe ursprünglich vorgesehen waren. Unternehmen

verlagern Arbeitsschritte nicht nach außen, weil es ihnen an Kompetenz mangelt, sondern weil freie Mitarbeiter oft flexibler beschäftigt werden können und häufig kostengünstiger arbeiten als Festangestellte. Das Ministerium für Schule und Weiterbildung des Landes Nordrhein-Westfalen aber gibt, indem es die Abiturprüfungen extern erstellen lässt, zweimal Geld für dieselbe Sache aus.

»ES IST JA NICHT MEIN GELD«

Guter Rat ist teuer (1990)

Guter Rat kann vor allem dann teuer werden, wenn man ihn in den Wind schlägt. Immer wieder frage ich mich, was in den Köpfen mancher Angestellten im öffentlichen Dienst vorgeht. Sie nehmen mal eben ein paar Hunderttausend Mark in die Hand und geben diese offenbar in völliger Gedankenlosigkeit aus. Sie missachten dabei sämtliche Regeln der Vernunft, die selbst den einfachsten Bürger noch leiten, wenn er abwägt, was er für sein Geld bekommt. Als die Senatsverwaltung für Justiz in Berlin 1985 auf die Idee kam, für den Justizvollzug Bettwäsche aus schwerentflammbarem Textil eigens anzufertigen, machte man vonseiten der Polizeiverwaltung darauf aufmerksam, dass derlei Spezialtextilien in der Zentralwäscherei des Justizvollzuges Plötzensee nicht gewaschen werden könnten. Was würden Sie tun, wenn jemand solche Bedenken äußerte? Sie würden sich denken: Ich gebe jetzt Geld aus, und nach einer Wäsche ist das Material bereits unbrauchbar. Das hat keinen Sinn.

Nicht so die Berliner Senatsverwaltung. Den Einwand der Polizei ignorierend, wusch man die feuerfeste Bettwäsche, die, wer hätte es gedacht, beschädigt aus der Wäscherei hervorging. Schließlich beschwerten sich die Inhaftierten über die Textilien wegen verschiedener unangenehmer Mängel, die von der Hautunfreundlichkeit des aufgerauten Stoffes bis hin zur Geruchsbildung reichten. So blieb der Senatsverwaltung am Ende nichts anderes übrig, als die neu angeschaffte Wäsche auszusortieren. Der 310 000 Mark teure Stoff lagerte anschließend für Not- und Katastrophenfälle beim Polizeipräsidenten.

No Risk, no Fun! (1997)

Geht es darum, die Hydra der notorisch und überall aus dem Ruder laufenden öffentlichen Finanzen zu bändigen, gibt es, wenn ich es einmal sehr grob formulieren darf, prinzipiell zwei Möglichkeiten: Entweder man spart an der Sache. Das würde bedeuten, man baut weniger Straßen, verzichtet hier und da auf ein städtisches Schwimmbad oder den neuen Opernbau. Oder man spart an der Verwaltung. Das wäre der in meinen Augen kaum ernsthaft in Angriff genommene Bürokratieabbau. Das eine ist aus Sicht der Kommunen wenig wünschenswert, weil es dann allerorten an Straßen, städtischen Schwimmbädern oder Opernbauten fehlte, die das Leben in unseren Städten und Gemeinden erst lebenswert machen. Das andere ist aus Sicht der Beschäftigten wenig wünschenswert, weil die Verwaltung so vielen Menschen ein sicheres Einkommen gewährt. Wie schön, dass die Kommunen angesichts dieses Dilemmas seit den 1990er-Jahren zunehmend auf eine dritte Lösung verfallen: die Beteiligung an privatwirtschaftlichen Investitionen. Man hofft, durch unternehmerische Tätigkeit das schnelle Geld zu machen, um damit die Löcher in den Haushalten zu stopfen. Unternehmerische Aktivitäten verlangen jedoch nicht nur ein hohes Maß an wirtschaftlicher und sachbezogener Kompetenz. Erfolgreiche Unternehmer zeichnen sich vor allem durch ein enorm hohes persönliches Engagement, durch Verantwortungsbewusstsein und vorausschauendes Denken aus. Der Unternehmer lebt und stirbt dafür, dass sein Unternehmen wächst und gedeiht. Denn gewöhnlich ist es nicht nur sein Geld, sondern auch seine Idee und seine persönliche Reputation, die auf dem Spiel stehen.

Ganz anders würde man den Beamten, den Verwalter öffentlicher Gelder charakterisieren. Das Angebot klingt verlockend: Man verlässt sich auf den Ideengeber und Gründer einer Unternehmung, denn die öffentliche Hand »beteiligt« sich nur, und zwar mal eben mit ein paar Hunderttausend Euro, die, Gott sei Dank, ja nicht aus der eigenen Tasche kommen. Warum also sich übermäßig engagieren, über den Verlauf und den Erfolg des Projektes informieren, gar nach Dienstschluss noch Überstunden leisten? Geht die Sache schief, bleiben die verantwortlichen Politiker und Beamten – im Gegensatz zu einem Unternehmer – fast immer verschont. Die finanzielle Last aber trägt der wehrlose Steuerzahler.

So oder so ähnlich muss es auch in den bayerischen Städten Deggendorf und Plattling gelaufen sein. Gemeinsam unternahmen die beiden Gemeinden, vertreten durch ihre Tochtergesellschaften, die Stadtwerke Deggendorf GmbH und die Stadtwerke Plattling, im Jahr 2000 einen Ausflug in die Telekommunikationsbranche. Es war ein hübsches Konstrukt: Die öffentlichen Einrichtungen firmierten mit 63 Prozent (Deggendorf) bzw. 30 Prozent (Plattling) als Hauptträger des Unternehmens, und sogar die restlichen sieben Prozent des privaten Unternehmens, der I@TC Innovations Technologie Campus GmbH, gingen nach nur zwei Jahren in den Besitz der Stadtwerke über. Das Kerngeschäft der als Danubia KOM GmbH gegründeten und später in die Danubia KOM GmbH & Co. KG verwandelten Firma war das Betreiben eines modernen Telekommunikationsnetzes mit den Dienstleistungen Telefonie und Internetzugang. Auch die Vermietung und Verpachtung von Kabelnetzen war geplant. Doch offenbar hatte man die Marktlage völlig falsch eingeschätzt. Preisschlachten und ein harter Verdrängungswettbewerb führten zu so großen Umsatzeinbußen, dass das operative Geschäft, 2002 begonnen, schon nach zwei Jahren wieder aufgegeben werden musste. Nach insgesamt nur fünf Jahren waren 1,5 Millionen Euro Steuergelder der Deggendorfer und 650 000 Euro der Plattlinger, bildlich gesprochen, in der Donau versenkt.

Zeit ist Geld (1982)

Stellen Sie sich vor, Ihr Auto ist kaputt. Für die meisten von uns, insbesondere jene, die auf dem Land leben, eine Katastrophe. Nichts geht mehr. Was werden Sie tun? Die Antwort liegt auf der Hand: Sie werden sich nach einem neuen Auto umsehen müssen. Es ist eine größere und zugleich unerwartet notwendig gewordene Anschaffung, die gut überlegt sein will. Um die Zeit zu überbrücken, in der Sie sich informieren, für ein bestimmtes Modell entscheiden und bis der neue Wagen geliefert werden kann, müssen Sie sich einen Mietwagen nehmen. Das kostet natürlich. Deshalb entscheiden Sie sich bei aller gebotenen Sorgfalt zügig. Ein, zwei Wochen sind wohl eine realistische Perspektive. Doch was, wenn den Mietwagen sowie die Neuanschaffung ohnehin der Steuerzahler finanziert? Gibt es dann noch Grund zur Eile? Im Wissenschaftszentrum Berlin GmbH war man nicht dieser Ansicht. Fünf Monate vergingen, bis man sich nach dem Ausfall eines Dienstwagens für ein neues Modell entschied. In meinen Augen ein typisches Beispiel dafür, dass sich hier offensichtlich niemand für die Kasse verantwortlich fühlte. Man hatte wohl alles Mögliche zu tun, und so wurde die Anschaffung einfach verschlampt. Es dauerte zwei weitere Monate, bis der Wagen zur Verfügung stand. Die Kosten des in der Zwischenzeit genutzten Mietwagens beliefen sich am Ende auf 10 500 Mark – der Preis des neuen Fahrzeugs lag nur 2000 Mark darüber.

Schöner parken (1990)

Als sich die Justizbehörde in Neumünster für den Bau eines neuen Parkhauses entschied, betrugen die Baukosten im Schnitt zwischen 8200 Mark in der einfachen und 14 000 Mark in der anspruchsvolleren Ausführung pro Stellplatz –

das ergaben die Fachliteratur und der Vergleich mit anderen Parkhausbauten in Deutschland. Nun kann ich mir eine gewisse Preisspannweite durchaus erklären: Manche Parkhäuser sind extrem eng, sodass größere Limousinen in jeder Kurve der spiralförmigen Auffahrten mit den Reifen an der Bordsteinkante entlangschleifen. Die weniger geübten unter den Fahrern müssen lange suchen, bis sie eine ihren Manövrierkünsten entsprechende Parkbucht finden. Da ist es durchaus nachvollziehbar, dass sich der eine oder andere Bauherr für einen etwas großzügigeren Entwurf entscheidet. Doch abgesehen von ein paar Zentimetern mehr oder weniger bei den Stellflächen und der Fahrspur – welchen Luxus brauchen wir in einem Parkhaus noch? Wäre es nicht schön, wenn der Bau außerdem durch seine Ästhetik das Auge erfreute, anders, als es die grauen Betonklötze in der Regel tun? Wie wäre es mit ein paar Grünpflanzen zur Verschönerung? Oder gar einem freundlicheren Lichtkonzept? Kennen Sie irgendein Parkhaus, in dem Sie sich mit Vergnügen länger als nötig aufhalten würden? Ich nicht. Und ich hatte bisher auch kein Bedürfnis danach. Es spielt jedoch auch gar keine Rolle. Denn das Parkhaus, das man in Neumünster den Mitarbeitern der Justizbehörde errichtete, kostete zwar – unter anderem wegen einer aufwendig gestalteten Fassade – 22 300 Mark pro Stellplatz und damit beinahe das Dreifache der einfachsten Ausführung, doch ich bezweifle, dass die Kunden diesen Luxus zu schätzen wissen.

Der Wurm drauf (2010)

Der Dutch Nightcrawler, zu Deutsch der Holländische Nachtkriecher, ist ein Regenwurm. Es handelt sich jedoch um kein gewöhnliches Exemplar seiner Art, sondern um eine Spezialzüchtung, die sich findige Unternehmer in den Niederlanden ausdachten. Mir fehlt das biologische Fachwissen, um zu verstehen, wie die Züchter es bewerkstelligten – im Ergebnis jedenfalls sollten die Tiere darauf getrimmt (oder soll ich sagen: genetisch programmiert?) sein, mittels ihrer Tätigkeit des Kriechens einen harten Boden von innen aufzulockern. Das, so hoffte man, würde zu einer erheblichen Verbesserung der von den Würmern beackerten Fläche führen. Diese Fläche wiederum würde dann den Vorzug haben, dass größere Mengen Regenwassers ungehindert abfließen könnten. Klingt plausibel, doch die Würmer dachten nicht daran, den Willen ihres Schöpfers zu erfüllen. Interessanter als das Bodeninnere fanden sie die Oberfläche des Rasens, auf dem sie ausgesetzt wurden. Sie tummelten sich ausschließlich an der frischen Luft und hinterließen dabei Tausende kleine Häufchen. Für den Boden war das ganz ungünstig – seine Pflege wurde nun nicht einfacher, sondern erheblich schwieriger und damit teurer. Was das alles mit unseren Steuern zu tun hat? Nun ja, das Würmertheater ereignete sich in einem Fußballstadion auf der Insel Rügen. Die Stadt Bergen hatte es gerade erst für rund 2 Millionen Euro sanieren lassen. Dabei war es jedoch nicht gelungen, den Platz so instand zu setzen, dass er auch nach Regenfällen bespielbar war. Die niederländischen Superwürmer sollten Abhilfe schaffen, doch wegen des renitenten Verhaltens der Tiere und ihrer erwähnten Hinterlassenschaften wurde die Platzqualität noch schlechter, und das für eine Rechnung über zusätzliche 7036,53 Euro.

Ausgebremst

40 Jahre. Nein, ich meine nicht die DDR, sondern den Transrapid. 40 Jahre Baugeschichte, eine Spitzengeschwindigkeit von 500 Kilometern pro Stunde, aber nur auf einer einzigen Strecke von 30 Kilometern Länge im Einsatz. Und das nicht in Deutschland, sondern in Shanghai, zwischen der Stadt und dem Flughafen Pudong. Die lange und schier unglaubliche Misserfolgsgeschichte der Magnetschwebebahn, erzählt von den Gebrüdern Siemens und Thyssen-Krupp. Was sie den Steuerzahler in den vier Jahrzehnten gekostet hat, lässt sich heute nicht mehr beziffern. Ist hier auch nicht das Thema. Nur frage ich mich, wieso es im Etat des Bundesverkehrsministeriums immer noch folgenden Kostenpunkt gibt: »Beratung zur Nutzung der Ergebnisse des Weiterentwicklungsprogramms Magnetschwebebahntechnik und der Transrapid-Versuchsanlage Emsland«. Diese Beratungen sind für das Jahr 2011 mit 450 000 Euro veranschlagt. Obwohl die Industrie die Technik für ausgereift hält, obwohl von den neun Baureihen der Hochgeschwindigkeitsbahn fast alle inzwischen im Museum oder auf dem Schrottplatz gelandet sind, und obwohl die Transrapid-Versuchsanlage Emsland ein Jahr später, 2012, endgültig abgebaut wird, verschlingt sie im Jahr zuvor noch einmal sechs Millionen aus dem Etat des Bundes. Wieso kommen da

noch einmal 450 000 Euro für Beratungen dazu? Nun ja, ist die Geldvernichtungsmaschine erst einmal in Gang, lässt sie sich so schnell nicht stoppen. Es ist reine Physik: Hohe Geschwindigkeiten führen zu einem langen Bremsweg. Immerhin: In der Finanzplanung des Bundes sind bis 2014 keine weiteren Steuergelder für die Versuchsanlage vorgesehen.

»ES IST MEIN GELD«

Reden ist Silber, Kommunikation ist Gold (2011)

Die sächsische Staatsregierung beschäftigte einen Sprecher, der noch ein Jahr vor dem Ruhestand fleißig war und sich eine achttägige Medienschulung für 4500 Euro am Tag bewilligen ließ. Die Opposition im Landtag kritisierte diese Maßnahme heftig, doch die Staatsregierung erklärte lapidar, die Kosten seien »absolut üblich«. Die neuen Kommunikationswege sowie die zunehmende Dynamik von Themen und Aufgaben machten ein regelmäßiges Coaching und laufende Fortbildungen erforderlich, hieß es in einer Stellungnahme. Nun ja, die heutige Medienwelt ist ein schnelllebiges Geschäft. Ständig verändern sich die Wege und Mittel der Kommunikation. Erst wurde der Brief durch das Fax, dann das Fax durch die E-Mail abgelöst, und inzwischen verliert schon die E-Mail durch den Informations- und Gedankenaustausch in sozialen Netzwerken wieder an Bedeutung. Man kommt kaum noch hinterher. Es sind gewaltige Umstellungen, die dem, der diese Medien nutzt, einiges abverlangen: Die Einrichtung von elektronischen Briefkästen mit den dazugehörigen Programmen, die Nutzung von Plattformen wie Facebook oder Google+ und nicht zuletzt das damit verbundene, meist englische Vokabular – all dies will gelernt sein. Wer hier am Ball bleiben will, muss sich fortlaufend weiterbilden. Und siehe da, das Kommunikationstraining des Regierungssprechers in Sachsen scheint zu fruchten, sodass die von CDU und FDP geführte Regierung in der Lage ist, lapidare Lerninhalte wie den Umgang mit neuen Medien auf wohlklingende Art zu verschleiern. Und damit eine Summe für eine Fortbildung zu rechtfertigen, die ich nicht nachvollziehen kann. Was lernt jemand, der für ein Medientraining 4500 Euro am Tag bezahlt? Als sei dies nicht schon ärgerlich genug, kommt dieser Vorgang ausgerechnet aus dem Büro einer Regierung, die sich zur selben Zeit einen strikten Sparkurs auf die Fahnen geschrieben hat. Die Haushalte 2010/2011, die zeitgleich verabschiedet wurden, sehen Einsparungen von jährlich einer Milliarde Euro vor. Ich kann mir für die teure Medienweiterbildung des Regierungssprechers nur einen Beweggrund denken: Es ist mein Geld, das ich lieber in meine eigene Person investiere. Zum Sparen bieten sich der öffentlichen Hand doch genügend andere Möglichkeiten – denkt sich möglicherweise der Beamte und schlägt lieber eine Etatkürzung in Kultur- und Bildungseinrichtungen vor, anstatt seine eigenen Ausgaben sorgfältig zu überprüfen.

Schulunterricht in Hessen (2006)

Mit 195 000 Euro konnte man im Jahr 2006 fast 10 000 Unterrichtsstunden bezahlen. Und damit könnte man den üblichen Ausfällen im Schulbetrieb durch den Einsatz von ex-
ternen Vertretungskräften begegnen. Nun ist es leider so,
dass eine deutliche Verbesserung der Ausfallquote in Schulen, versteckt in irgendeiner Statistik, die irgendwo und irgendwann einmal im Zuge einer Regierungsbilanz auf-
taucht, noch keine gute Werbung darstellt. Was nützt es, den
Unterricht an den Schulen deutlich zu verbessern, wenn die
frohe Botschaft am Ende in der Öffentlichkeit gar nicht an-
kommt? Der hessischen Landesregierung, allen voran Kultusministerin Karin Wolff, war der Erfolg in der Sache zu
wenig Lohn für ihre Verdienste um eine solide Schulpolitik.
Schaut her, wir tun Gutes für unser Land – das musste doch
einmal laut und deutlich jedem Wähler vor Augen gehalten
werden. Und damit sind wir vielleicht dem wahren Motiv
folgender Marketingstrategie auf der Spur: Zunächst ver-
schickte die Kultusministerin an alle Eltern schulpflichtiger
Kinder insgesamt 900 000 vierseitige Briefe. Darin infor-
mierte sie darüber, dass sich ihre Regierung der Bekämpfung von Unterrichtsausfall annehme. Im Grunde genommen enthielten die Briefe also die Mitteilung, dass die für
die Schulen zuständige Behörde ihre Arbeit tut. »Unter-
richtsgarantie Plus – für eine verlässliche Schule«, so der
schöne Name der Initiative. Doch damit nicht genug, wurden gleichzeitig im ganzen Land 777 Großflächenplakate
und außerdem 1035 City-Light-Poster geklebt, um dieselbe
banale Information kundzutun: Wir, die hessische Landes-

regierung, bemühen uns um weniger Schulausfall. Auf dem Plakat sind jubelnde Kinder zu sehen, übertitelt mit dem freudigen Ausruf: »Heute wieder keine Stunde ausgefallen«, begleitet von dem Zusatz »Hessen handelt«. Mal ganz davon abgesehen, ob Kinder, die darüber jubeln, dass die Schule nicht ausfällt, ein glaubhaftes Szenario darstellen – die Plakate sahen denen von Wahlkämpfen zum Verwechseln ähnlich. Steuergelder für heimliche Wahlwerbung? »Es ist ja mein Geld«, scheint man sich jedenfalls in einem Ministerium zu sagen, dem die Eigenwerbung so viel wert ist. Am Ende hat die Aktion 195 000 Euro gekostet. Damit hätte man – habe ich es schon erwähnt? – 10 000 Unterrichtsstunden finanzieren können.

Schöner Wohnen (1998)

Wenn es darum geht, den Wert und Nutzen von Ausgaben zu beurteilen, kann es manchmal hilfreich sein, sich an den Investitionen von Unternehmen zu orientieren. Da diese den gnadenlosen Gesetzen des freien Marktes unterworfen sind, wird jeder Cent auf seine Rentabilität hin geprüft. Anders gesagt: Kein Unternehmen leistet sich Ausgaben, die nicht auch im Sinne des unternehmerischen Erfolges sind. Diese Sparsamkeit ist sicher nicht immer ein Maßstab für die Bewertung von öffentlichen Ausgaben. Dennoch, was sich der Mainzer Landtag geleistet hat, dürfte kaum als gemeinnütziger, das heißt dem Wohle aller nutzender Umgang mit dem von uns Bürgern erwirtschafteten Geld durchgehen. So baute man 1998 für die 101 Abgeordneten des Rheinland-Pfälzischen Landtages ein gewaltiges Appartementhaus, das nicht nur die notwendigen Büros enthielt, sondern außerdem mit einer Schlaf-Koch-Arbeits-Einheit für jeden Parlamentarier ausgestattet wurde. Jedem einzelnen Politiker stellte man 21 Quadratmeter große Appartements mit Kochzeile, Bett und einem Bad zur Verfügung. Den Berechnungen des Bundes der Steuerzahler zufolge kam diese Luxusausstattung des neuen Abgeordnetengebäudes keineswegs billiger als die bisherigen Fahrt- und Hotelkosten. Zumal viele Abgeordnete aufgrund der geringen Entfernung von der rheinland-pfälzischen Hauptstadt das Wohnangebot gar nicht nutzen. Dennoch wurde der Bau mit dem Argument begründet, es würde dadurch eine effektivere Parlamentsarbeit ermöglicht. So kommt zur Verschwendung – wie so oft – noch eine fadenscheinige Erklärung hinzu. Ich möchte fast spöttisch sagen: Wäre das Schlafen am Arbeitsplatz effizient, so hätten es die großen Unternehmen längst eingeführt. Denn natürlich nehmen sich die Abgeordneten das Recht, über ihre Lebensgestaltung außerhalb der Dienstzeit frei zu entscheiden. Und das kann mitunter heißen, dass ein Parlamentarier der vorgefertigten Wohn-Schlaf-Arbeits-Einheit das selbst gewählte Hotelzimmer oder die kleine Stadtwohnung vorzieht.

Turnen für das Volk (1992)

Im Lübecker Rathaus scheint es, wie in so vielen vergleichbaren Fällen, Missverständnisse darüber zu geben, wofür die Steuern des Bürgers eigentlich gedacht sind. Ähnlich

wie bei den Appartements, die sich die Abgeordneten des
Mainzer Landtags gönnten, hat man dort offenbar überhaupt keine Skrupel, die öffentlichen Gelder für das Wohlergehen der eigenen Mitarbeiter einzusetzen. Ein klarer Fall
von Es-ist-ja-mein-Geld-Mentalität? Natürlich, in puncto
Gesundheit ist das Vorhaben, zweimal am Tag unter Anlei-
tung eines diplomierten Psychologen Gymnastik zu machen, absolut vorbildlich zu nennen. Doch das Turnen, ach,
es kostet, wie fast alles auf der Welt, Zeit, und unter Anlei-
tung auch Geld. Würde Gerechtigkeit hier nicht bedeuten,
alle oder keiner? Müsste man nicht die aus Steuern finan-
zierte Gymnastik für die Bediensteten der Stadt Lübeck
konsequenterweise jedem Bürger gewährleisten? Denn so
bezahlen wir mit unseren Steuern eine Dienstleistung, die
den städtischen Angestellten in Lübeck zugutekommt.

Ein Dienstbier im Hofbräuhaus (1986)

Eine beliebte Methode, es sich auf Kosten des Steuerzahlers
gut gehen zu lassen, besteht in der Erfindung von Anlässen
für Dienstreisen. Nichts leichter als das! Denn zur sorgfälti-
gen Planung eines Vorhabens gehört es, sich ausführlich zu
informieren. Seit Jahren beschäftigt man sich in der Stadt
Wittlich in der Eifel intensiv mit Konzepten zur Entwicklung
der Innenstadt. Wittlich hat eine Altstadt, deren Häuser aus
dem 17. und 18. Jahrhundert stammen, deren historische
Substanz also unbedingt zu erhalten ist. Ihre Instandhaltung
ist ein lohnendes Projekt, in das der Steuerzahler vermutlich
gerne investiert. Doch offenbar fehlt bis heute das für die Sa-

nierung notwendige Geld in der Stadtkasse. Denn noch im Mai 2012 ist auf der Website der Stadt zu lesen: »Die dynamische Entwicklung der Stadt Wittlich zeugt von einer Funktionsfähigkeit der vorhandenen Stadtstruktur, die jedoch durch hohen Sanierungsstau und nicht mehr zeitgemäße Wohn- und Gewerbeflächen stark beeinträchtigt ist.« Es sind solche Verhältnisse, vor deren Hintergrund die Dreistigkeit mancher Stadtväter besonders empört. Denn auch 25 Jahre zuvor müssen den Wittlichern der Sanierungsbedarf ihrer Altstadt und die damit verbundenen Kosten bewusst gewesen sein. Das hielt den Rat der Stadt nicht davon ab, seinen Mitgliedern eine »Informationsfahrt« nach München zu sponsern, die, so die offizielle Begründung, der Besichtigung der Fußgängerzone diente. Die Dienstreise ihrer städtischen Beamten kostete die Bürger Wittlichs 18 000 Mark. Eine notwendige Ausgabe? Der Steuerzahler sollte glauben, dass man sich für die Stadtplanung mal ein richtiges Erfolgsmodell zum Vorbild nehmen wollte. Ist es denn so unwahrscheinlich, dass Wittlich zu einem Touristenmagneten aufblüht, der mit der Münchner Innenstadt mithalten kann? Erwog man gar eine Kopie des Hofbräuhauses?

Wenn der Bürger entscheidet (1995)

Eine Stadt hat einen Plan, und da sie auch über die Mittel verfügt, steht seiner Umsetzung nichts im Wege. Meistens. Manchmal passiert es aber doch, dass aufmerksame Bürger sich, nachdem sie die Pläne der Stadtväter genauer besehen, querstellen. Sie greifen dann zur Waffe des Bürgerentscheids und votieren plötzlich gegen ein Vorhaben, das bereits in Sack und Tüten schien. Solche Vorgänge erzeugen meist eine Reihe von Konflikten, die, je länger sie sich hinziehen, umso schwerer zu kontrollieren sind. Als Horrorszenario steht uns allen der Bau des Stuttgarter Bahnhofs vor Augen, der es geschafft hat, höchste politische Ebenen zu erklimmen und so zum Sinnbild der Auseinandersetzung zwischen Politik und Bürger zu werden. Selbst ein neues Wort hat diese unendliche Geschichte hervorgebracht. Denn die Wutbürger gab es natürlich auch schon vorher, nur waren sie vielleicht nicht immer ganz so wütend.

In Wiesbaden trug sich einst ein solcher Streitfall zu. Die Stadtverordnetenversammlung hatte die Bebauung eines zentralen Platzes, des sogenannten Dernschen Geländes, in Angriff genommen. Einige Bürger stellten das Projekt infrage, und so sollte bald ein Bürgerentscheid über seine Realisierung entscheiden. So weit, so gut. Natürlich war man vonseiten der Stadt über den Widerstand nicht erfreut. Doch Wahlkampf ist Wahlkampf, und hier sollten für beide Seiten dieselben Bedingungen gelten. Das aber schien den Verantwortlichen nicht klar. Sie wendeten 190 000 Mark aus der Stadtkasse auf, um die anstehende Wahlentscheidung zugunsten des von ihnen vorgeschlagenen Entwurfs zu beeinflussen. Oder sollte man sagen: Bevor der Bürgerentscheid über das endgültige Schicksal entschieden hatte, wollte man schnell noch etwas Geld investieren – ehe das Projekt dann möglicherweise gekippt wurde. Man ließ also ein bereits im Maßstab 1:500 vorhandenes Modell des Bebauungskonzeptes in ein detaillierteres Modell im Maßstab 1:200 umbauen. Auch der Architekt sollte seine Pläne verbessern und erhielt dafür erneut ein Honorar. Mit dem Willen von Wutbürgern ist es indessen so eine Sache. Sind sie einmal gegen etwas aufgebracht, lassen sie sich nicht so schnell von ihrer Meinung abbringen. Das zusätzliche aufgewendete Geld verpuffte daher wirkungslos, denn der Volksentscheid fiel gegen das Bauprojekt aus.

Berlin, Berlin (2000)

Braucht Berlin in Berlin eine Vertretung für Berlin? Natürlich, jedes Bundesland hat eine sogenannte Landesvertretung in der Hauptstadt, eine Art Botschaft der Region. Gemäß Artikel 50, der »Aufgabenvorschrift« des Grundgesetzes über den Bundesrat, wirken die Länder bei der Gesetzgebung und der Verwaltung des Bundes und in Angelegenheiten der Europäischen Union mit. Dazu gilt es, vor Ort zu sein, Lobbyarbeit betreibt man nicht aus der Ferne. Es leuchtet jedem ein, dass die mit diesen Aufgaben betrauten Mitarbeiter eine Arbeitsstätte brauchen. München, Stuttgart, Frankfurt sind zu weit weg, um sich spontan mit einem Bundestagsabgeordneten zum Mittagessen zu treffen. Die Landesvertretungen haben deshalb, nachdem Berlin zur neuen Hauptstadt wurde, repräsentative Gebäude bezogen, einige von ihnen wunderbar gelegen in den Ministergärten, zwischen dem Brandenburger Tor und dem Potsdamer Platz und in Laufnähe zum Bundestag. Sie sind das Gesicht unseres föderativ organisierten Staates.

Da die Landesvertretungen nicht nur Interessenpolitik betreiben, sondern außerdem der Repräsentation dienen, war man zu Recht um ein repräsentables Äußeres der Immobilien bemüht, die zu diesem Zweck erworben oder gebaut wurden. Doch angesichts der Verschuldung, die in Berlin bekanntermaßen überdurchschnittlich hoch ist, frage ich mich, wie so oft, nach der Verhältnismäßigkeit. Denn Berlin liegt, das wurde bereits deutlich, in Berlin; der Weg ins Regierungsviertel ist vom Roten Rathaus nicht weit. Dennoch ließ der Senat für die Landesvertretung zunächst eine Gründerzeitvilla eigens sanieren, mit 1400 Quadratmetern auf drei Etagen, für einen Stab von knapp 30 Mitarbeitern. Schön, wenn das Geld der öffentlichen Kassen in Form solchen Komforts in die Taschen derer fließt, die es ausgeben. Allein die Sanierung kostete die Stadt 4,5 Millionen Mark.

2001 kam Klaus Wowereit als Regierender Bürgermeister ins Amt, der meinte, dass Berlin nicht nur sexy, sondern auch arm sei. Wenig später zog die Landesvertretung aus der Luxusvilla aus und als Teil der Abteilung I der Senatskanzlei (Bundes- und Europaangelegenheiten) ins Berliner Rathaus. War dies eine Reaktion auf den Eintrag ins Schwarzbuch des Bundes der Steuerzahler? Es würde mich freuen. Übrigens: Das Gebäude wurde 2006 an die Gründungsgesellschaft für die spätere Humboldt-Viadrina School of Governance vermietet.

Goethe auf der Loveparade (2005)

Was zur deutschen Kultur gehört, darüber lässt sich bekanntlich streiten. Und vielleicht ist es auch gar nicht wichtig, diese Frage zu beantworten. Kann man den Döner mit der Weißwurst gleichsetzen? Manche würden sagen: Ja. Schließlich ist Multikulti ein charakteristisches Merkmal der Berliner Kultur. Manche würden sagen: Nein. Schließlich gibt es die bayerische Kultur in Form der Weißwurst schon viel länger. Das Goethe-Institut kann es sich da nicht ganz so einfach machen. Mit der Verbreitung deutschen Kulturguts im Ausland beauftragt und dabei »erhebliche Bundesinteressen« vertretend, muss man dort eine Vorstellung davon haben, worum es sich bei deutschem Kulturgut überhaupt handelt. Zumindest so weit, dass die Entscheidung: »Fördern wir!« gefällt werden kann. Im Falle der Weißwurst bereitet dies wiederum insofern keine Probleme, als sie nur einen Bestandteil der deutschen Esskultur, nicht aber der »Kultur« im engeren Sinne darstellt. Sie ist kein geistiges Produkt von nur immateriellem Wert, sondern ein materielles Gut, mit dessen Verkauf man Gewinne erzielen kann. Letztere aber bedürfen nicht der Förderung durch das Goethe-Institut. Wer in London eine deutsche Bäckerei eröffnet, wird deshalb sicher nicht auf Hilfe der auswärtigen Kulturinstitute rechnen können. Darüber hat sich bisher auch noch niemand beschwert.

Die Loveparade hat ihren Ursprung in der Westberliner Technoszene, und wenn man ihre Wurzeln bis zu den Anfängen des Techno zurückverfolgt, stößt man auf den Kölner Komponisten Karl-Heinz Stockhausen und die Düssel-

dorfer Band Kraftwerk. Vom englischen Namen der
»Loveparade« abgesehen, könnte man also durchaus darauf
kommen, es hier mit einem deutschen Kulturgut zu tun zu
haben. Muss man aber nicht. Ich habe es immerhin versucht. Doch anders als die Weißwurst hat sich die Tech-
nokultur schnell globalisiert. Vor allem aber gilt die Loveparade nach einem Urteil des Bundesverfassungsgerichtes seit
2001 als kommerzielle Veranstaltung. Und spätestens da
schüttele ich verwundert den Kopf darüber, dass der große
Partyumzug in Mexiko-Stadt vom Goethe-Institut mit
25 000 Euro gefördert wurde.

Schwäbische Sparsamkeit (1991–1993)

Wenn ich es an dieser Stelle wage, das Wort »Ehrensold« zu
bemühen, dann, dies sei vorweggenommen, möchte ich
mich keineswegs auf das heiße Terrain der damit verbundenen Debatte begeben. Ich habe mit dem Ehrensold etwas
ganz anderes vor. Ich möchte ihn, genauer seine Höhe, als
Vergleichswert heranziehen. Das ist nicht ganz einfach, weil
Zahlen relativ sind und 200 000 Euro im Jahr 2012 nicht
dasselbe wie 200 000 Mark im Jahr 1991. Doch liegt es in der
Natur geldmarktpolitischer Entwicklungen, dass die 200 000
Mark 1991 einen höheren Wert darstellten als die 200 000
Euro heute. Wenn also die Stadt Stuttgart 1991 ihrem Oberbürgermeister und ihren acht Bürgermeistern einen Dienstwagen plus Chauffeur für jeweils fast 200 000 Mark, insgesamt 1,75 Millionen Mark im Jahr, zur Verfügung stellte,
dann ist das eine stattliche Summe. Und manchmal sind

solche Vergleichszahlen hilfreich, um sich die Verhältnismäßigkeit von Sachausgaben vor Augen zu führen. Offenbar waren die Stuttgarter damals so reich, dass sie es sich
leisten konnten, jedem einzelnen Stadtteilbürgermeister allein für den Unterhalt des Dienstfahrzeugs ein Budget zur
Verfügung zu stellen, das sich mit dem Jahresgehalt eines
Bundespräsidenten messen kann. Indessen beschränkte
sich die Mobilität der städtischen Beamten nicht auf teure
Dienstwagen. In den Jahren 1987 bis 1991 unternahmen
Angestellte der Stadt Stuttgart Dienstreisen in die USA,
nach Kanada, Mexiko, Israel, Frankreich, England, Däne-
mark, Luxemburg, Österreich, Italien, Schweden, Russland
und die Schweiz. Der Landesrechnungshof, der die damit
verbundenen Ausgaben überprüfte, stellte anschließend
freundlich fest: »Insgesamt entsteht der Eindruck, als sei
man davon ausgegangen, einen erwarteten Tätigkeitsnach-
weis durch großzügiges Ausgabeverhalten erbringen zu
müssen.« Klar, Reisen bildet ja immerhin, und da die Stuttgarter bekanntermaßen »alles außer Hochdeutsch« können,
hofften sie vielleicht, wenigstens in Sachen Fremdsprachen
etwas nachholen zu können? Dann ist da noch die Sache
mit dem Bahnhof. Der wird nun, nach langer Auseinandersetzung, gebaut, und wir können uns darauf verlassen: teuer
wird's. Und natürlich teurer als geplant. Irgendwann wird all
dies Geschichte sein. Es würde sich also zur Dokumentation
im »Haus der Geschichte« eignen. Das Planungskonzept für
diese Einrichtung hatte den Steuerzahler bereits 16 Millionen Mark gekostet, als man sich 1993 zunächst entschied,
das Projekt aus Finanzgründen aufzugeben. Schließlich einigte man sich doch für einen Neubau, in dem seit 2002 die

Geschichte Baden-Württembergs thematisiert wird. Und tatsächlich gab es dort von Dezember 2011 bis April 2012 die erste Ausstellung über die Auseinandersetzung um den Stuttgarter Bahnhof.

Vergangene Zeiten (1985)

Manche Dinge, die in den 1980er-Jahren passiert sind, können wir uns heute kaum mehr vorstellen. Der BRD ging es gut, das vom Marshallplan angestoßene Wirtschaftswunder hatte uns jahrzehntelangen Wohlstand beschert, und so hatte man sich auch im öffentlichen Dienst eine große Sorglosigkeit angewöhnt. Eine Sorglosigkeit, die sich in der Es-ist-mein-Geld-Haltung ebenso ausdrückt wie in der Es-ist-ja-nicht-mein-Geld-Mentalität. Diese waren damals noch viel stärker verbreitet. Gewohnheiten aber, das wissen wir, ändern sich nicht so schnell. So gab es damals kaum einen Politiker oder Beamten, der am Umfang, den Kosten und der Scheindienstlichkeit vieler Reisen Anstoß nehmen wollte. Beispielsweise besichtigten Angehörige des Unterausschusses »Justizvollzug« im Hessischen Landtag schwedische und norwegische Haftanstalten. Wo eine fünfköpfige Delegation ausgereicht hätte, zeigte man sich großzügig und nahm gleich 27 Personen mit, die meisten von ihnen Parlamentarier. 100 000 Mark wurden für diese Reise ausgegeben, und dies, obwohl einschlägige Studien bereits ergeben hatten, dass sich die skandinavischen Verhältnisse leider nicht auf Hessen übertragen ließen. Oder man gab für einen mehrtägigen Aufenthalt in Bangkok, den sich Mitarbeiter der Bundesversicherungsanstalt für Angestellte auf einer Südostasienreise leisteten, folgenden Grund an: »Beratung auf Wunsch des deutschen Generalkonsuls«. Wer hätte da so kleinlich sein wollen und darauf hinweisen, dass es in Bangkok keinen deutschen Generalkonsul gab? Auch versteht es sich von selbst, wie der Streit ausging, den die Grünen mit der CDU in Heidelberg um die Besuche von Partnerstädten führten: Zunächst hieß es, ausschließlich Ehepartner dürften in der Gemeindedelegation mitfahren, deren Reise aus öffentlichen Mitteln finanziert wurde. Die Grünen sahen in dieser Regelung eine Benachteiligung von nichtehelichen Lebensgemeinschaften und einen Ausdruck rückständiger Moral. Doch nein, nicht die Ehepartner sollten daraufhin selbst zahlen, sondern die nichtehelichen Lebenspartner wurden gleichgestellt. Sie durften nun ebenfalls auf Kosten des Steuerzahlers verreisen. Wüsste ich es nicht besser – ich wäre geneigt, nachzuschlagen, ob das Wort »Sparsamkeit« im Duden der 1980er-Jahre schon enthalten war. Denn offenbar kam jenen, die an solchen fadenscheinigen und oft teuren Reisen teilnahmen, nicht einmal der Gedanke, es könne sich hier um Steuergeldverschwendung handeln. Die Möglichkeit, dass man sie dafür zur Rechenschaft ziehen könnte, schien damals ungefähr so fernzuliegen, wie es uns heute abwegig vorkommt, anstelle von E-Mails eine Postkarte zu schreiben. Immerhin, es gab sie auch da, die berühmten Ausnahmen, die zur Bestätigung der Regel dienen. Als 33 Hessen auf Einladung der Sowjetunion nach Armenien fuhren, entzündete sich ein Streit über die horrenden Flugkosten. Eine Angehörige der FDP, Ruth Wagner, verlangte, dass sich die Reisenden an den

Flugkosten privat beteiligen sollten, und blieb, nachdem der Kulturausschuss ihre Forderung ablehnte, zu Hause. Daraufhin schickten die Kollegen ihr aus der UdSSR eine Postkarte, auf der sich jeder einzelne von ihnen mit seiner Unterschrift verewigte. Keiner der Beteiligten scheute sich, die persönliche Teilnahme an der Verschwendung, die den hessischen Steuerzahler 58 000 Mark kostete, auch noch mit seiner Unterschrift zu bezeugen! Es ist ein schönes Beispiel dafür, dass sich die Haltung in einer Gesellschaft verändern kann und dass dieser Wandel bereits begonnen hat, zu dem die Veröffentlichungen des Schwarzbuches beigetragen haben. In Zeiten zunehmender Transparenz ist es meiner Ansicht nach schon deutlich schwieriger geworden, so ohne jegliches Unrechtsbewusstsein in die öffentlichen Kassen zu greifen.

Hannover (1989)

Hannover. Der Name der Stadt klingt vielversprechend für jene, die sich der investigativen Aufklärung von Skandalen widmen. In den USA wurden investigative Journalisten zu Beginn des 20. Jahrhunderts als »Muckraker« bezeichnet, was so viel heißt wie Mistaufwühler oder Nestbeschmutzer. Ein Vorwurf, den ja auch ich hin und wieder zu hören bekomme.

Die CDU-nahe Konrad-Adenauer-Stiftung veranstaltete 1989 einen Kongress mit dem Titel »Zukunftsstadt« und suchte dafür nach Geldgebern. Die Regierung von CDU und FDP hatte zunächst 470 000 Mark zur Verfügung gestellt, die der Landtag jedoch nicht mittragen wollte, sodass der Zuschuss wieder aus dem Haushalt gestrichen werden musste. Doch wo ein Wille ist, ist auch ein Weg. Der findige Sozialminister Hermann Schnipkoweit hatte aufgrund seines Amtes Zugriff auf den Landesanteil am Spielbankaufkommen. Dieser war nämlich für »außergewöhnliche Maßnahmen im sozialen Bereich« vorgesehen. Ist es nicht eine schöne Eigenschaft von Sprache, dass ihre Bedeutung der Interpretation unterliegt? Der Minister jedenfalls entnahm diesem Topf 300 000 Mark und gab sie der Adenauer-Stiftung für ihren Kongress. Warum auch nicht? Obgleich der Kongress selbst nicht unbedingt als »Maßnahme im sozialen Bereich« durchgeht, schien es doch immerhin möglich, dass es beim Thema »Zukunftsstadt« um zukünftige soziale Maßnahmen gehen sollte. Das sah die damalige SPD-Opposition anders. Ein von ihr in Auftrag gegebenes Rechtsgutachten ermittelte, dass Schnipkoweit sich wegen Untreue nach § 266 Strafgesetzbuch strafbar gemacht hatte. Der Fall wurde dann von der Staatsanwaltschaft Hildesheim verfolgt, das Verfahren aber eingestellt.

»Bimbes« (1990)

Wer aus Rheinland-Pfalz stammt und, sagen wir, spätestens Anfang der 1980er geboren wurde, dem könnte folgende Beobachtung vertraut sein: Bis 1998 reagierten Menschen außerhalb des kleinen Bundeslandes, nachdem sie die Herkunft eines echten Pfälzers erfragt hatten, mit dem Ausruf: »Ach, Sie kommen aus der Region von Helmut Kohl. Da gibt es doch diesen schrecklichen Saumagen!« Nach der Regierungsübernahme durch Gerhard Schröder verschwand dann mit dem pfälzischen Kanzler, der für das liebe Geld den Ausdruck »Bimbes« geprägt hatte, auch das Saumagen-Stereotyp aus dem Bewusstsein der Deutschen. Das heißt natürlich nicht, dass die Pfälzer nicht wüssten, wie man an Bimbes kommt. So stellte der Landesrechnungshof fest, dass die Straßenverwaltungen in großem Umfang ungerechtfertigte Fördermittel des Landes bezogen. Sie bedienten sich dabei eines einfachen Tricks: In 357 Fällen nämlich, so stellte man bei einer Prüfung fest, wurden Graswege, gesperrte Straßen, Waldwege mit üppiger Vegetation, ja sogar Ackerflächen, eine Furt oder eine Fahrgasse, die auf einen Parkplatz führte, als Kreisstraßen eingestuft. Wo dies nicht reichte, nahm man noch Landesstraßen hinzu, die ebenfalls fälschlicherweise als Kreisstraßen ausgewiesen wurden. Der Grund: Nur für die Instandhaltung der Kreisstraßen konnten die kommunalen Straßenverwaltungen damals Gelder aus Mitteln des Landes in Anspruch nehmen. Ähnlich wie der Russe Tschitschikow, der in Gogols Erzählung mit toten Seelen Handel treibt, wollten die Kommunalpolitiker Mittel für nicht vorhandene Verkehrswege erhalten. Nachdem dies ans Licht gekommen war, machte der Rechnungshof kurzen Prozess – und die schöne Pfalz hatte 340 Kilometer Kreisstraßen weniger.

Im Rahmen der Kunst (2011)

Sag, wie hältst du's mit der Kunst? Ich habe es bereits erwähnt: Über Sinn und Unsinn der Kunstförderung lässt sich streiten, und ich persönlich fühle mich in diesem Fall nicht zum Richter berufen. Das bedeutet jedoch keineswegs, dass es nicht auch im Rahmen der Kunstförderung Fälle von maßloser Selbstbedienung gibt. Wobei das Geld dann am Ende gar nicht der Kunst zugutekommt. Das wäre mal etwas, wenn eine Stiftung auf die Idee käme, Steuergelder wirklich für die Künstler »zu verschwenden«, wenn sie zum Beispiel – eigenmächtig und wider die gesetzlichen Rahmenbedingungen – die monatlichen Arbeitsstipendien erhöhen würde, die meist nur knapp über dem BAföG-Satz für Studenten liegen. Doch nein, wenn im Rahmen der Kunst, oder auch in ihrem Namen, Geld ausgegeben wird, dann fließt ein großer Teil davon erst einmal in die Taschen derer, die es verwalten. Da dies ein bekanntes Problem ist, nahm man sich für die Kunststiftung Sachsen-Anhalt bei ihrer Gründung im Jahr 2005 vor, diese mit einem minimalen Verwaltungsapparat auszustatten. Das lobe ich mir! Doch wer geglaubt hat, hier würde mal ein anderes als das übliche Spiel gespielt, irrt. Zunächst einmal wurde der Posten der Stiftungsdirektorin mit einer Person besetzt, die, wie der Landesrechnungshof 2010 feststellte, den Anforderungen der Stellenausschreibung gar nicht entsprach. Ist es da nicht irgendwie konsequent – wenn man schon mal mit der Mauschelei begonnen hat –, dem neuen Personal außerdem ein wesentlich höheres Gehalt zuzubilligen, als der öffentliche Tarif vorsieht? Sie also mit einem besonders lukrativen, außertariflichen Einzelvertrag auszustatten, der die Stiftung 14 000 Euro mehr allein im Jahr 2010 kostet? Dabei reicht das Geld, das durch die Beschränkung auf eine schlanke Verwaltung eingespart wird, noch für weitere Annehmlichkeiten. So kommt die Stiftung in der Tat mit nur drei Mitarbeitern aus. Die zogen jedoch Ende 2011 in ein Gebäude, das erst einmal für zwei Millionen Euro saniert werden musste. Das Konjunkturpaket II und die Protektion des Kultusministeriums machten es möglich. Die neue Immobilie bot der Stiftung für ihre drei festen Mitarbeiter 250 Quadratmeter – eine Fläche, auf der man gut drei Familien unterbringen könnte. Der Landesrechnungshof berechnete, dass durch die in solchen Räumen anfallenden hohen Betriebskosten der Stiftung künftig rund 70 000 Euro für die Kunstförderungen fehlen werden. Nach dem durchweg negativen Prüfungsbericht bemüht man sich seit 2011 um »Schadensbegrenzung« – seither werden in der teuren Bürogemeinschaft der Kunststiftung Sachsen-Anhalt Mitnutzer gesucht. Alles in allem übervorteilen sie durch solches Gebaren nicht nur den Steuerzahler, sondern auch ihren eigenen Schützling – die Kunst.

Das Erfolgsgeheimnis der CSU (2011)

Was die Bayern wollen, weiß niemand so gut wie die CSU. Ein Wissen, das der Partei eine ungeheure Macht verschafft, womit sich wiederum die fast uneingeschränkte Dominanz der CSU über das Wohl und Wehe der Bayern erklärt. Indessen besteht die Kunst der Mächtigen nicht allein im

Machtgewinn, sondern vor allem im Machterhalt. Der Schlüssel hierzu aber liegt beim Wähler, und so ist es für den Machterhalt der CSU unabdingbar notwendig zu wissen, was die Bayern wollen. So weit, so klar.

Weniger klar ist, wie die CSU an dieses Wissen gelangt. Darüber klagte nicht nur der Bund der Steuerzahler in Bayern, der den folgenden Fall in das Schwarzbuch 2011 brachte, sondern auch der Bayerische Oberste Rechnungshof. Die Bayerische Staatskanzlei nämlich hatte in den letzten zehn Jahren, begonnen in der Amtszeit Edmund Stoibers, demoskopische Studien zur Erforschung der öffentlichen Meinung durchführen lassen. Von höchster Stelle wurden die Wähler nach ihren Wahlabsichten, ihrer Bewertung der Regierungsarbeit und ihrer Meinung zu Parteipolitikern befragt. Diese sogenannten Resonanzstudien, in denen Wählers Wille widerhallt, sind ein hilfreiches Herrschaftsinstrument. Sie verfolgen parteipolitische Interessen und sollten deshalb auch von der Partei bezahlt werden. Genau dies aber ist nicht geschehen. Die rund 558 000 Euro, die insgesamt für die Studien ausgegeben wurden, hatte der Steuerzahler zu tragen. Damit nicht genug, erdreistete sich die bayerische Staatsregierung auch noch, ihr kleines Geheimnis wohl zu hüten. Dafür fing sie sich im Juni 2011 eine Rüge des Bayerischen Verfassungsgerichtshofs ein, der den Umgang der Regierung mit den Resonanzstudien als verfassungswidrige Missachtung der Rechte des Parlaments einstufte. Denn auf Nachfrage wäre es geboten gewesen, das Parlament über den Inhalt der Studien zu informieren. Dies zu verweigern, wurde als Verstoß gegen die Rechte der Opposition im Landtag gewertet. Nun ja, der Fall zeigt: Die

Mittel der Mächtigen sind nicht immer lauter. Und auch die bayerische Staatsregierung bedient sich gerne mal beim Steuerzahler. Es scheint ihr im Übrigen nicht viel genutzt zu haben, denn obwohl im Jahr 2001 die ersten Resonanzstudien in Auftrag gegeben wurden, musste die CSU 2008 ihre mehr als 40 Jahre währende Alleinherrschaft aufgeben und eine Koalition mit der FDP eingehen, um weiter regieren zu können.

Die Geschichte vom gierigen Bürgermeister (2008)

In der Online-Enzyklopädie Wikipedia finden sich immer wieder interessante Erklärungen. So ist hier zu lesen: »Der Personenname ›Grado‹ bzw. ›Gredo‹ steht für der Begierige, der Hungrige.« Und von diesem, so heißt es in dem Artikel weiter, leite sich der Ortsname »Greding« ab. Der Name der mittelfränkischen Stadt bedeutet so viel wie »bei den Leuten des ›Grado‹ oder ›Gredo‹«. Im weitesten Sinne also sind die Gredinger »Hungrige«, »Begierige«. Angesichts dieser Namensherkunft finde ich es irgendwie bezeichnend, dass die Stadt sich einen besonders Begierigen zum Bürgermeister wählte.

Franz Josef Lerzer, den wir anhand seines Vornamens klar der CSU zuordnen können, missverstand sein Amt oder wähnte sich womöglich im falschen Jahrhundert, indem er sich aus der Stadtkasse bediente wie ein Fürst oder Lehnsherr bei den Abgaben seiner Vasallen. Im Zeichen seines Amtes bestellte er alles, was die moderne Familie an technischem Gerät so braucht: Mobiltelefone, Laptops, auch mal eine Mikrowelle oder ein Navigationsgerät – und führte diese Güter seiner Familie zu. Auch eine Hotelrechnung aus Salzburg fand sich in den städtischen Abrechnungen. Später stellte sich heraus, dass der Bürgermeister eine Dienstreise zu den Salzburger Festspielen unternommen hatte. Da er dabei ohne eine politische Gesandtschaft im Schlepptau unterwegs war, deuteten »Böswillige« ihm diese Unternehmung als Privatreise. Und damit war der Ärger für den Herrn Lerzer voll im Gang. Die Bürger von Greding hatten nämlich eine andere Auffassung vom Amt ihres Stadtherrn. Sie fanden, da sie ihn gewählt hatten, sollte er die von ihnen bezahlten Steuern auch in ihrem Interesse ausgeben. Wozu sie den Luxus der Frau Bürgermeister nicht rechneten. Sie zogen protestierend vor das Gredinger Rathaus und erzeugten damit, obwohl dies im Jahr 2007 geschah, den öffentlichen Druck nicht digital, sondern auf klassische Weise, indem sie »zu Fuß« abstimmten. Was zur Folge hatte, dass Herr Lerzer sich schließlich selbst anzeigte, woraufhin ein strafrechtliches Ermittlungsverfahren gegen ihn eingeleitet wurde. Zugleich zahlte er den Gredingern den Betrag zurück. Doch die späte Reue half ihm nicht. Er verlor sein Amt, das Amtsgericht Schwabach verurteilte ihn wegen Untreue in 30 Fällen zu elf Monaten Haft auf Bewährung. Und schließlich hatte das kleine Amtsmissverständnis des gierigen Gredinger Bürgermeisters auch noch disziplinarrechtliche Folgen, als ihm das Verwaltungsgericht Ansbach sein Ruhegehalt aberkannte.[9]

Schöner arbeiten (2009)

Das Konjunkturpaket II wurde bekanntlich durch Kredite finanziert. Und Kredite, das hatten wir bereits, kosten Geld. Sie müssen nicht nur zurückgezahlt werden, sondern es fallen außerdem Zinsen an. Eine Regelung über das Konjunkturpaket II besagt, dass die Bundesministerien 650 Millionen für sich selbst verwenden dürfen. Doch was bedeutet das? Was tut ein Ministerium, das etwas »für sich« tut? Und was kostet das den Steuerzahler?

Während es uns an Geld ganz offensichtlich mangelt – es ist das leidige Schuldenproblem –, mangelt es keinesfalls an Ideen, wenn es darum geht, den eigenen Arbeitsplatz schöner zu gestalten. Das Bundesverkehrsministerium beispielsweise schmückte den Vorplatz seines Dienstsitzes mit einem Mosaikpflaster. Für 130 000 Euro. Doch Berlin hat, da hier in den letzten Jahren viel gebaut wurde, weniger Sanierungsbedarf als die verbliebenen Ministerien in der alten Hauptstadt Bonn. Hier ließ man sich im Bildungsministerium den Küchenboden erneuern, zum Preis von 250 000 Euro. Das Entwicklungshilfeministerium, ebenfalls in Bonn, gedachte seinen Eingangsbereich mit einem Drehkreuz zu verschönern. Für 49 000 Euro. Das Arbeitsministerium erklärte seinen Bedarf an einem zweiten Kommunikationsnetz mit Sicherheits- und Stabilitätsgründen. Kosten: 3 Millionen Euro. Doch was nützt die beste Kommunikation, wenn sie im Dunkeln stattfindet? Deshalb wurden hier auch noch Energiesparlampen zu einem Preis von 700 000 Euro eingekauft. Und dann gibt es in Bonn auch noch ein Bundesgesundheitsministerium. Doch der Eingangsbereich machte wenig her, er sollte unbedingt ansehnlicher gestaltet werden. Für 900 000 Euro.

Staatliche Hilfe für die am meisten Bedürftigen

Der VW-Konzern konnte im Jahr 2011 einen operativen Gewinn in Höhe von 11,3 Milliarden Euro vermelden. Theoretisch wäre das Unternehmen damit in der Lage, sieben Jahre lang den Gesamtetat des Bundesumweltministeriums zu bestreiten. Und tatsächlich fließen 2012 7,5 Millionen Euro zwischen den beiden, allerdings in umgekehrter Richtung. Getreu dem unausgesprochenen, aber in stiller Übereinkunft geltenden Motto: Es ist ja mein Geld! Da verwundert es nicht, dass die staatliche Hilfe den größten Lobbyisten zukommt – ganz gleich, ob diese bedürftig sind oder nicht. Das Bundesumweltministerium wünscht die Entwicklung von Elektroautos; im Jahr 2020 soll es möglichst eine Million von ihnen geben. Da die Politik es Deutschlands erfolgreichsten Unternehmen jedoch nicht zutraut, selbst in die Zukunft zu schauen, versucht sie, die schwerreichen DAX-Konzerne mit Geld zu ködern. Im Falle von VW finanziert das Umweltministerium 20 mit Plug-in-Hybridantrieb ausgestattete Wagen des Typs Golf Variant twinDRIVE. Sie sollen getestet werden und dabei Aufschlüsse über die Vorteile einer konsequenten Nutzung erneuerbarer Energien für elektrisch angetriebene Fahrzeuge geben. Auch andere Großunternehmen erhalten Finanzspritzen. E.ON zum Beispiel, mit ähnlich hohen Gewinnen wie VW gesegnet, bekommt 1,2 Millionen Euro. Insgesamt verschlingt das Projekt knapp 14,7 Millionen Euro. Nun stellt sich, wie bei allen Subventionen, die Frage: Sind sie gerechtfertigt? Besteht hier tatsächlich ein Bedarf an staatlicher Beihilfe?

Dieter Zetsche, Chef des VW-Konkurrenten Daimler, gab *Spiegel Online* am 11.6.12 ein Interview zum Thema Elektromobilität. »Braucht es Subventionen?«, fragen die Redakteure des Interviews. Seine Antwort: »Noch sind Elektroautos Fahrzeugen mit Verbrennungsmotor in der Nutzung unterlegen – bei höheren Kosten. Da muss ich schon altruistisch veranlagt sein, um mich für ein Elektroauto zu entscheiden – zumal der ökologische Nutzen, ›well to wheel‹ betrachtet, aktuell noch begrenzt ist. Solange der Strom für das Auto nicht aus regenerativen Energiequellen stammt, fährt man nicht emissionsärmer als mit einem effizient motorisierten, konventionellen Auto. Es gäbe viele mögliche, nicht finanzielle Privilegien, wie kostenlose Parkplätze in Innenstädten oder spezielle Fahrspuren für Elektroautos, mit denen man deren Attraktivität erhöhen könnte. Aktuell sind die Rahmenbedingungen in Deutschland nicht ideal.«

Aha. Dieser Teil des ansonsten recht klaren, verständlichen Interviews erscheint ziemlich diffus. Braucht es nun Subventionen, um die Entwicklung von Elektroantrieben zu fördern, oder nicht? Der Daimler-Chef windet sich. Zum einen, so Zetsche, rechnen sich die umweltfreundlichen Autos bisher nicht. Das würde bedeuten, dass man hier zugunsten der Umwelt, zur Erreichung von Klimaschutzzielen subventioniert. Wenn die bisher verfügbare Technologie überhaupt schon halten würde, was sie verspricht. Es würde bedeuten, dass die Industrie selbst von sich aus kein Interesse an umweltfreundlichen Autos hat – und deshalb zu ihrem Glück verführt werden muss. Doch stimmt das? Dieter Zetsche weist im selben Interview bei *Spiegel Online* darauf hin, dass die Entwicklung umweltfreundlicher Autos längst nicht mehr eine Forderung der Partei Die Grünen ist. »In 20 Jahren werden so viele Autos auf dieser Erde fahren, dass sie garantiert nicht mehr nur mit fossilen Brennstoffen betrieben werden können. Schlicht, weil die Vorräte nicht reichen. Und die Abgase, die ein solcher Fahrzeugbestand mit ausschließlich Verbrennungsmotoren ausstoßen würde, kann sich auch niemand wünschen.« Die Autoindustrie hat weltweit längst begriffen, dass Investitionen in zukunftsorientierte Technologien für das Überleben in der Branche unabdingbar notwendig geworden sind. Denn spätestens wenn die fossilen Brennstoffe verbraucht sind, werden Autos mit alternativen Antrieben gefragt sein. Möglicherweise schon früher, wenn die herkömmlichen Brennstoffe knapper und damit teurer werden. Braucht es da wirklich noch staatliche Subventionen zur Förderung von innovativen Technologien?

Die Geschichte geht aber noch weiter. Denn ein Jahr zuvor, 2011, hatte bereits das Software-Unternehmen SAP für den Test von Elektroautos Subventionen des Bundesumweltministeriums erhalten. Bei einem zweijährigen Feldversuch mit dem schönen Namen »Future Fleet« soll es um die Logistik einer elektromobilen Dienstwagenflotte gehen. SAP soll die dazu notwendige Software entwickeln. Das ist an sich schon eine Investition in einen Markt, der in Zukunft hohe Gewinne verspricht. Wozu also Hilfe vom Staat? Doch der sieht das anders. 30 Elektroautos werden auf Kosten des Ministeriums von einigen Hundert SAP-Mitarbeitern als Dienstwagen Probe gefahren. Aufgabe der neuen Software ist es, dafür zu sorgen, dass für angemeldete Dienstfahrten immer ein aufgeladener Wagen zur Verfügung steht. An dem Projekt ist neben SAP das Unternehmen MVV Energie beteiligt, das die erforderlichen Ladestationen an den SAP-Standorten installierte. Beide Konzerne, deren Jahresumsatz bei rund 14 Milliarden Euro liegt, bekommen 2,2 Millionen Euro für die Studie.

Dass es großen Unternehmen möglich ist, auf staatliche Subventionen zu verzichten, bewies der ehemalige Porsche-Manager Wendelin Wiedeking. Als die Porsche AG im Jahr 2000 in Leipzig einen neuen Standort für die Produktion der Modellreihe »Luxus-SUV Cayenne« aufbaute, verzichtete sie auf die Inanspruchnahme öffentlicher Subventionen. »Wir brauchen das Geld nicht, weil wir ein erfolgreiches Unternehmen sind«, so Wiedeking damals. Ich wünsche mir eine Kopie von Herrn Wiedeking an der Spitze aller großen, erfolgreichen Konzerne!

Luxus (2012)

Es wird höchste, ja allerhöchste Zeit, dass sich endlich mal jemand um die Schifffahrt kümmert. Die bisherigen Modelle waren doch von der Titanic bis zur Costa Concordia allesamt nicht zu gebrauchen. Die Ausstattung, die Geschwindigkeit – da ist überall noch viel Luft nach oben. Ganz zu schweigen von der Eleganz der Formen, insbesondere bei den Yachten. Hier herrscht so dringender Handlungsbedarf, dass ich mich frage, wieso noch keine der politischen Parteien diese Lücke besetzt hat. Da schreiben die sich von Familienpolitik über Energiewende und Internet-Kompetenz alles Mögliche in ihre Programme, aber keiner denkt an die armen Kreuzfahrtschiff- und Yachtbesitzer. Es wäre doch so wichtig, die Entwicklung neuer Modelle endlich mit ein bisschen Geld vom Staat zu unterstützen. Aber nein, immer heißt es da, das sei Aufgabe des freien Marktes. Schließlich unterliege der Schiffbau dem Reglement von Angebot und Nachfrage, und die Käufer von Yachten seien ja nicht eben arme Schlucker. Der Weißwurstverkäufer, das hatten wir bereits, muss ja auch zusehen, dass er seine Ware an den Mann bringt. Sonst geht er eben unter.

Doch Halt! Zum Glück gibt es ja auch einige weniger Gefühlskalte. Sie haben ein Herz für die Zukurzgekommenen. Sie kümmern sich um die Hotelbesitzer oder eben um den Bau von Yacht- und Kreuzfahrtschiffen. Einer von ihnen sitzt im Bundeswirtschaftsministerium. Er machte insgesamt fast 400 000 Euro locker und subventionierte damit die Weiterentwicklung von 3-D-Virtual-Reality-Software. Diese kommt bei den Entwürfen und dem Bau von Mega-Yachten zum Einsatz. »Sie lässt Ingenieure, Designer und zukünftige Eigner schon im Entwurfsstadium sehen, was später in den Yachthäfen der Welt für Aufsehen sorgen wird: Schiffe mit vollendeten Formen, einer Ausstattung, die keine Wünsche offenlässt, und herausragenden Antrieben.« So wirbt das Unternehmen Blohm + Voss, das einen Teil der Zuwendungen für seinen Yachtbau in Anspruch nahm. Der größere Teil des Betrags geht an die Meyer Werft GmbH, die Kreuzfahrtschiffe baut. Auch hier wird das Geld des Steuerzahlers für denselben Zweck, die Entwicklung der Virtual-Reality-Software, eingesetzt.

Rentnerpolitik (2012)

Wenn über das Renteneintrittsalter gestritten wird, dann besteht die Zumutung der Politik an die Rentner meist darin, dass diese länger arbeiten und erst ein, zwei Jahre später ihre wohlverdienten Renten in Anspruch nehmen sollen. Einerseits. Andererseits gibt es unter den Berufstätigen auch solche, die der Staat gegen ihren Willen in den Ruhestand zwingt. Diese Menschen versäumen es selten, das inzwischen etwas abgegriffene Wortspiel des Unruhestands zu bemühen, sind sie doch weit davon entfernt, sich damit auch von allen mit ihrer privilegierten Stellung verbundenen Nebenpöstchen zu verabschieden. Der solchermaßen weiterhin beschäftigte Rentner oder Pensionär hat das Problem, dass ihm gewisse Annehmlichkeiten nun nicht mehr zur Verfügung stehen. Der emeritierte Hochschulprofessor muss seine E-Mails selbst schreiben, da er keine Sekretärin mehr hat. Der Präsident eines großen Verbandes muss seine Telefonanrufe selbst in die Wege leiten. Und wo bleibt eigentlich der Kaffee, der bisher immer in regelmäßigen Abständen ins Büro gereicht wurde? Erscheint es da nicht allzu menschlich, dass diejenigen, die zufälligerweise genau dort sitzen, wo die Gesetze gemacht werden, für sich selbst bessere Regelungen schaffen? Ja, möchte man antworten. Doch vielleicht schauen wir uns erst einmal an, wie es den Betroffenen so geht.

Nehmen wir zum Beispiel Wolfgang Thierse, SPD. Er war von 1998 bis 2005 Präsident des Deutschen Bundestages und hatte damit das zweithöchste Amt im Staat inne. Als dieses dann nach der für die SPD verlorenen Wahl im Herbst 2005 an einen Kollegen von der CDU ging, hatte Herr Thierse, Jahrgang 1943, nur noch drei Jahre bis zum Rentenalter von 65 Jahren vor sich. Und wie geht es dem Rentner Thierse heute, sieben Jahre später? Zunächst einmal ist er, trotz seiner bald 69 Jahre, noch kein Rentner, sondern Vizepräsident des Deutschen Bundestages. Außerdem ist er als Abgeordneter Mitglied verschiedener Ausschüsse. Darüber hinaus engagiert Herr Thierse sich in den Gremien zahlreicher Stiftungen, wie der Stiftung Denkmal für die ermordeten Juden Europas, der Kulturstiftung des Bundes und der Stiftung Flucht, Vertreibung, Versöhnung. Seit Mai 2012 hat er noch ein neues Amt inne als Vorsitzender des Humboldtforums, das im zukünftigen Berliner Schloss seinen Sitz haben soll. Dessen Baubeginn wurde gerade auf das Jahr 2014 verschoben – da kann man also davon ausgehen, dass Herr Thierse auch jenseits seines siebzigsten Geburtstags im Jahr 2013 noch eine Weile beschäftigt sein wird.

Viele der Karrieren von Politikern, die das Rentenalter erreichen, sehen ähnlich aus. Dabei haben sie die Wahl, ob sie sich mit durchaus ansehnlichen Pensionsansprüchen auf ihr Altenteil zurückziehen, oder aber weiterhin in Politik und Gesellschaft engagieren. Der derzeitige Bundestagspräsident Norbert Lammert wird bei der nächsten Bundestagswahl im Herbst 2013 (sofern die Koalition nicht vorher zu Bruch geht) ebenfalls gerade die magische Grenze von 65 Jahren erreicht haben. Es ist durchaus möglich, dass ihm dann erst einmal eine weitere Amtszeit von vier Jahren bevorsteht. Oder dass er, wie Herr Thierse, wieder Vizepräsident wird. Nun ist es laut einer bis vor Kurzem noch gültigen Regelung so, dass ehemalige Präsidenten des Deutschen Bundestages Leistungen zur Wahrnehmung nachwirkender Aufgaben aus dem Etat des Bundestages erhalten. Das bedeutet im Klartext: Nach dem Ende ihrer Amtszeit stehen ihnen noch vier Jahre lang ein eigenes Büro sowie Mitarbeiter und Dienstwagen zur Verfügung. Doch dem derzeitigen Amtsinhaber schien das zu wenig. Wir wissen nicht, ob er das »Schicksal« von Wolfgang Thierse vor Augen hatte, als er durchsetzte, auf diese vier Jahre noch die Dauer der eigenen Amtszeit hinzuzurechnen. Wenn er 2013 erneut Präsident des Bundestages würde, dann wären ihm somit das Büro und der Dienstwagen nach Amtsende noch 16 Jahre lang sicher. Erst im Alter von 85 Jahren müsste er anfangen, seine Telefonanrufe selbst zu tätigen. Bereits jetzt aber stehen ihm, wenn er wie geplant 2013 aus dem Amt scheidet, für immerhin zwölf Jahre ein Büro, Mitarbeiter und Dienstwagen zur Verfügung. Ob er im Jahr 2025 mit seinen 77 Jahren endlich die Altersmilde erreicht haben wird, die ihn den Ruhestand auch ohne Büro und Sekretärin ertragen lässt?

GUT GEMEINT

Einmal an die Nase fassen (2002)

Wer Geld ausgibt, ist in der Regel darauf bedacht, dass er etwas dafür bekommt und die Investition sich lohnt. Was aber ist der Wert einer bezahlten Leistung, wenn es sich nicht um materielle Güter handelt? Mehr als 90 000 Euro für ein Persönlichkeitstraining und eine EDV-Schulung von zehn Arbeitslosen – ist das gut angelegtes Geld?

Die Trainings sind Teil der sogenannten aktiven Arbeitsmarktpolitik. Es sind also Weiterbildungen auf Kosten des Steuerzahlers, die dem Arbeitslosen angeboten werden, zusätzlich zur finanziellen Sicherung seiner Grundbedürfnisse. Man nennt sie »Instrumente zur Eingliederung von Arbeitslosen in das Erwerbsleben«, kurz: Maßnahmen.

Ich finde diese Bezeichnung durchaus sprechend. Maßnahmen ergreift man angesichts eines Problems, um eine Krise zu bewältigen oder drohende Gefahr abzuwenden – und Arbeitslose stehen doch genau dafür: Sie sind ein Problem, sie sind Symptom einer wirtschaftlichen und sozialen Krise, und sie stellen eine potenzielle Bedrohung unserer Gesellschaft dar, aus der sie sich heraus gedrängt fühlen. Da scheinen »Maßnahmen« gegen die reale Bedrohung der Arbeitslosigkeit geradezu ein Gebot der Stunde zu sein.

Der Politik sind diese Instrumente gleich in mehrfacher Hinsicht nützlich: Jeder Jobsuchende, der sich in einem Training zur »Eingliederung in den Arbeitsmarkt« befindet, taucht während dieses Zeitraums nicht in der Statistik der Arbeitslosen auf. Es handelt sich also auch um eine Strategie zur Verschönerung statistischer Daten. Darüber hinaus mögen diese Instrumente der aktiven Arbeitsmarktpolitik tatsächlich zur Beruhigung beitragen. Zur Beruhigung der Politiker. Denn wer sich im Training befindet, der hat, psychologisch gesehen, schon den halben Weg hin zum arbeitstätigen Menschen geschafft. Soweit ist alles schön und gut. Würden wir eine Befragung unter Steuerzahlern durchführen, ob sie ihr Geld lieber für die Bemühungen zur Verfügung stellen, aus Arbeitslosen tätige Menschen zu machen, oder aber für eine Erhöhung des Hartz-IV-Regelsatzes – ich bin mir sicher, die Antwort würde nicht zugunsten des Hartz-IV-Satzes ausfallen. Die öffentliche Wahrnehmung unserer Sozial- und Arbeitsmarktpolitik muss jedoch hin und wieder in Erstaunen versetzen, wenn man einzelne dieser Maßnahmen genauer unter die Lupe nimmt.

Es begann in Berlin mit einer Schulung zum EDV-Trainer. Um das Ergebnis gleich vorwegzunehmen: Am Ende fielen 80 Prozent der zehn Teilnehmer durch die Prüfung. Ein Versagen der Lehrer? Oder ein Beweis dafür, dass viele Arbeitslose aufgrund mangelnder Fähigkeiten nicht vermittelbar sind? Nicht unbedingt. Die Unterlagen, die im Kurs verwendet wurden, stammten aus dem Jahr 1998. Wer weiß, wie schnell sich die Technik verändert, sollte hier schon erstaunt die Augenbrauen hochziehen. Als nach drei Wochen den Teilnehmern noch immer keine Computer zur Verfügung standen, brachte der Kursleiter seinen privaten Rechner mit. Eine EDV-Schulung ohne Computer? Würden wir uns im öffentlichen Straßenverkehr sicher fühlen, wenn man den Fahrunterricht und die Führerscheinprüfung ganz ohne Autos absolvieren könnte?

Doch damit nicht genug. An die analoge Zeitverschwen-
dungsmaßnahme schloss sich ein Persönlichkeitstraining
an, in dem die Teilnehmer auf Bewerbungsgespräche vorbereitet werden sollten. »Gehen Sie über den Alexanderplatz
und ziehen Sie leere Konservendosen hinter sich her ...«
und »... gehen Sie über die Straße und fassen Sie fremden
Leuten an die Nase« – lauteten die Aufgaben, die sich besonders kreative Kursleiter ausgedacht hatten – zur Stäh-
lung von arbeitsmarkttauglichen Persönlichkeiten. Hand
aufs Herz: Halten Sie es für wahrscheinlich, dass jemand in
den Arbeitsmarkt zurückfindet, weil er gelernt hat, wild-
fremde Personen an die Nase zu fassen? Oder werden hier
in Wahrheit Kandidaten für eine neue Show mit Dieter
Bohlen gecastet? Ich frage deshalb noch einmal: Sind derlei
arbeitsmarktpolitische Instrumente wirklich zielführend?
Oder beruhigen sie nur das Gewissen? Können wir uns über
die Ausgabe von Steuergeldern freuen – hier waren es 9612
Euro pro Kopf –, mit denen man Arbeitslose in unwürdige,
intelligenzbeleidigende und unnütze Persönlichkeitstrai-
nings zwingt?

Bärendienste (2007)

Unlängst erzählte ein Bekannter mir von der Episode einer
US-amerikanischen Fernsehserie, mit der ein neuerdings in
Callcentern verbreitetes Phänomen aufs Korn genommen
wird. Bei der sogenannten Interactive Voice Response gerät
der Anrufer zunächst an eine Automatenstimme, die je
nach Anliegen zur Eingabe von verschiedenen Ziffern auf-

fordert. »Hier ist die Notrufzentrale der Polizei«, heißt es in dem Fernsehstück. »Wenn Sie einen Diebstahl oder Einbruch melden wollen, drücken Sie bitte die Eins. Handelt es sich um eine Strafanzeige, drücken Sie bitte die Zwei. Sind Sie überfallen und dabei schwer verletzt worden, drücken Sie die Vier. Hat man Sie fahrlässig getötet oder ermordet, drücken Sie die Fünf.«

Diese schwarzhumorige Episode fiel mir wieder ein, als ich auf den Managementplan »Braunbären in Bayern – Stufe 1« stieß. Sie ahnen es, das Konzept entstand, nachdem es trotz aufwendiger Bemühungen nicht gelungen war, den nach Bayern immigrierten »Problembären« Bruno lebend zu fangen. Ein zudem kostenintensiver Konflikt, denn schon der Einsatz des finnischen Spezialistenteams belief sich auf 32 500 Euro. Infolge von Brunos bedauerlichem Ableben installierte die bayerische Regierung einen Managementplan mit dem Zweck, »in unserer heutigen Kulturlandschaft für ein konfliktfreies Miteinander von Mensch und Bär« zu sorgen. Es geht also um die Aufklärung der Bevölkerung, und in diesem Zusammenhang wurden verschiedene Hinweise formuliert. Sie reichten von »Bär richtet sich bei Sichtung auf = ungefährlich« über »Bär folgt Mensch in Sichtweite = kritisch« bis hin zu »Bär hat einen Menschen getötet oder schwer verletzt = sehr gefährlich«. Mit der aus Steuergeldern finanzierten Informationskampagne wird der arglose Wanderer darüber informiert, dass ein Bär als sehr gefährlich anzusehen ist, wenn er einen Menschen getötet hat! »Wenn Sie ermordet wurden, drücken Sie die Fünf.«

Die bayerische Problembär-Initiative hat den Eintrag ins Schwarzbuch meines Erachtens noch aus einem anderen

Grund verdient, denn diese fragwürdigen Maßnahmen waren mit der Schaffung von zwei Beamtenstellen im höheren Dienst verbunden. Zwei sogenannte Bärenbeauftragte, die nicht nur zwischen naturliebenden Menschen und wanderlustigen Bären als Vermittler auftreten, sondern außerdem in konkreten Problemfällen eingreifen sollen, unter anderem durch ihre Integration in die österreichische Bären-Eingreiftruppe. Braucht es hierfür zwei Beamte im höheren Dienst, obwohl vor Ort bereits kompetentes und geschultes Personal der Bayerischen Staatsforste sowie Berufsjäger vorhanden waren? Dem Staat Bayern ist die Informiertheit seiner Bürger einiges wert. Ein Jahr später ergänzte die bayerische Regierung das Programm noch um das »Wolfsmangagement«, und in der von diesem erarbeiteten Informationsbroschüre heißt es unter anderem: »Laufen Sie Wölfen nicht hinterher – es sind keine Kuscheltiere.« Wenn Sie das immer noch nicht lustig finden, drücken Sie die Fünf …

Die Fischtreppe (2005)

Umweltbewusstsein wird in Deutschland bekanntlich großgeschrieben. Ein Punkt, den ich grundsätzlich sofort unterschreiben würde. Sofern, ja sofern dem Schutz bedrohter Landschaften, seltener Tier- und Pflanzenarten ein gewisser umweltökonomischer Standpunkt zugrunde liegt. Mit anderen Worten, sofern auch hier Projekte mit Augenmaß kalkuliert und realisiert werden. Man kann es jedoch auch allzu gut meinen.

Um das denkmalgeschützte Wasserkraftwerk Raisdorf in Schleswig-Holstein zu erhalten, waren Fundament und Grundmauern des 1909 errichteten Bauwerks von Grund auf saniert worden.[10] Hierbei galt es nicht nur eine Reihe architektonischer Herausforderungen zu meistern, denn für dieses Projekt musste der Wasserspiegel des Rosensees zeitweise bis auf ein Minimum abgesenkt werden, auch für Fische wie Aale und Meerforellen musste ein Plan B gefunden werden. Denn auf den uralten Laichrouten durch die Schwentine zum Rosensee sehen sich die Tiere am Kraftwerk plötzlich einem Höhenunterschied von 6,50 Metern gegenüber. So entwickelten Biologen der Christian-Albrechts-Universität zu Kiel gemeinsam mit Natur- und Umweltschutzverbänden sowie den Stadtwerken und der Gemeinde Raisdorf eine Anlage, die den Fischen hilft, auf ihren Laichrouten die Barriere des Kraftwerks zu überwinden: den bisher weltweit einmaligen »Helix-Turmfischpass« am Wasserkraftwerk Raisdorf. Indem sie insgesamt 36 Becken durchschwimmen, die wendeltreppenartig angeordnet sind, können die Tiere die 6,50 Meter Höhendistanz zwischen der Schwentine und dem Rosensee bewältigen. Insgesamt legen die Fische so auf ihrer Reise eine Distanz von rund 200 Metern zurück. Die Steigung von etwa drei Prozent in der Wendeltreppe kann von allen heimischen Arten problemlos gemeistert werden. Hierzu gibt es in den einzelnen Becken unterschiedliche Strömungsverhältnisse, sodass jeder Fisch sich der für ihn geeigneten Strömung anpassen kann. Außerdem können sich die Tiere in ebenfalls auf der Treppe angelegten Ruhebecken auf dem Weg nach oben erholen. Angelockt werden die Fische von der sogenannten Leitströmung, die durch die Bauart der Treppe nachgeahmt wird. Den Weg durch den Pass schaffen die Fische laut Experten meist innerhalb einer Nacht. Eine wirklich gute Idee. Doch stehen die Kosten des sogenannten Fischpasses von rund 550 000 Euro im Verhältnis zu seinem Nutzen?

Auch wenn während des Sanierungsprojekts Verantwortung für die Natur übernommen wurde und im Zuge des Genehmigungsverfahrens mit dem Bau einer Fischtreppe einer Auflage des Kreises Plön und einer Empfehlung des schleswig-holsteinischen Umweltministeriums gefolgt wurde, kann es nicht sein, dass ein lokales kleines Projekt solche Unsummen, und dies zu einem erheblichen Teil aus EU-Mitteln, verschlingt. Noch dazu, da ausgerechnet Naturschutzverbände Zweifel daran angemeldet haben, dass die Tiere den angebotenen Umweg auch annehmen. Der Vorstand der Stadtwerke Raisdorf, Bächle, sieht nicht nur das Projekt als erfolgreiche Zusammenarbeit für Technik und Natur an, sondern auch die »Interessen von Wirtschaft, Politik und Umweltschutzverbänden gebündelt«. Nun ja, meist verlangen gerade die Richtlinien für eine Finanzierung durch EU-Mittel eine solche Kombination von Zielen. Und in der Tat: Der Wirtschaft mag die Fischtreppe zumindest insofern gedient haben, als sie einem Architekturbüro einen lukrativen Auftrag verschafft hat – und den Interessen der Politik? Wollte der Bürgermeister von Raisdorf sich mit dem Helix-Turmfischpass ein besonders exotisches Denkmal setzen? Oder handelt es sich hier wirklich in allererster Linie um eine gut gemeinte Hilfe für Fische?

Krötentunnel de luxe (1995)

Es ist eine leidige Frage, wie viel uns die Natur und ihre Bewohner wert sind. Einfacher wird es, wenn zumindest wesentlich kostengünstigere Alternativen im Raum stehen. Auf das Vorhaben der Gemeinde Waldalgesheim traf dies zu. Den Verantwortlichen lag der Schutz der Kröten in der Umgebung der Landstraße 214 jedoch so sehr am Herzen, dass man es sich nicht nehmen ließ, sich für die kostspieligere Variante zu entscheiden: 700 000 bis 800 000 Mark sollten Krötentunnel verschlingen, die den Tieren ein sicheres Unterqueren der Landstraße ermöglichen. Trotz der Option, 400 000 bis 500 000 Mark billigere Ersatzbiotope anzulegen, war der Bauträger von seinen Plänen nicht abzubringen.

Wissen ist Macht und kostet Geld (2011)

Das Bundesumweltministerium zahlt einem privaten Verein, dem Deutschen Modellfliegerverband, knapp 70 000 Euro. Wofür? Die Flieger und ihre Vereine sollen für den Umweltschutz sensibilisiert werden. Eine gute Sache, oder? Es geht um Informationen. Und um diese von den Gehirnen derer, die die Information haben, in die Gehirne derer zu transferieren, die die Information benötigen, braucht es Geld. Es gilt, Hinweise zu formulieren, Broschüren zu drucken, vielleicht eine Website einzurichten. Knapp 70 000 Euro sind da schnell ausgegeben. Und was lernen die Modellflieger für dieses Geld? Folgende Anweisungen enthalten die Informationsbroschüren: »Bei Betankungsvorgängen und Ölwechsel ist immer eine Person anwesend, die im Gefahrenfall eingreifen kann. [...] Gefahrstoffe werden nicht in unsachgemäßen Behältnissen wie Marmeladengläsern oder Getränkeflaschen aufbewahrt [...]. Geordnetes Parken durch Vereinsmitglieder bei Flugbetrieb ist sichergestellt [...]. Wir bringen Altbatterien zu einer Sammelstelle im Handel [...]. Offenes Feuer brennt nicht unbeaufsichtigt [...]. Lange Anfahrten von Handwerkern kosten nicht nur Geld, sondern beeinflussen auch nachteilig das Klima [...]. Wir führen jährlich einen Nachbarschaftsabend (oder -tag) durch [...]. Mitglieder, die ihre Freizeit über das übliche Maß dem Verein zur Verfügung stellen (also nicht nur übliche Pflichten erfüllen) werden jährlich in der Vereinszeitung/Jahresversammlung positiv erwähnt.« Klingt alles ein bisschen nach Kleingartenkolonie. Doch irgendwie finde ich es beruhigend, dass selbst einem Ministerium des Bundes die Regulierung und Ordnung gerade an Orten der Freizeit so viel wert ist.

Komfort für Mehlschwalben (2008)

Gut gemeint, aber doch daneben. Ein solcher Vorfall ereignete sich in der sächsischen Gemeinde Nünchritz, die eine neue Schule bauen wollte. Die Stadtväter trafen im Umweltamt auf einen Umwelt-Gutmenschen, der sich angesichts ihrer Pläne sofort um das Wohl der Mehlschwalben besorgt zeigte. Denn es schien, mit der neuen Schule würden Nistplätze verbaut, die Mehlschwalbe verlöre damit die Brut-

und Aufzugsstätte für ihre Nachkommen. Deshalb wurde die Zusage der für den Schulbau notwendigen Fördergelder an Auflagen geknüpft. Für rund 13 000 Euro musste die Gemeinde einen Nistturm für Mehlschwalben bauen. Doch niemand hatte die Tiere gefragt. Die Gemeinde Nünchritz liegt in der Elbaue inmitten der herrlichsten Natur, wo es Nistplätze in Hülle und Fülle gibt. Daher verschmähten die Vögel das teure Geschenk, der Turm interessierte sie nicht die Bohne.

Die größte Kosten-Nutzen-Minimierung (2010)

Das Prinzip der Wirtschaftlichkeit – wenn ich genau überlege, liegt es eigentlich nahezu allen unseren Handlungen zugrunde. Was immer ich tue, folgt einer einfachen Kosten-Nutzen-Analyse. Lohnt sich die Energie, die ich für den Weg zum Supermarkt aufwende, für das eine Gewürz, das mir zu meinem Abendessen noch fehlt? Stehen der Schweiß und die Anstrengung einer Radtour auf einen Berg hoch in den Pyrenäen im Verhältnis zu dem Blick, der sich mir oben eröffnet? Leider, das muss ich sagen, ist es um das Ergebnis der Kosten-Nutzen-Rechnung nicht immer gut bestellt. Der Mensch hält sich gerne für ein rationales Wesen – eine Einschätzung, die sich nur allzu leicht widerlegen lässt. Wie zum Beispiel steht es um die schnelle Fahrt mit dem Auto zur fünf Kilometer entfernten Tankstelle, um ein Päckchen Zigaretten zu kaufen? Ich zahle den Preis für das Benzin, nehme zudem den Schaden an der Umwelt in Kauf, nur um am Ende meiner Lunge hochgiftige Stoffe zuzuführen. Toll!

Nun gut, Sie werden einwenden, das sei Privatsache. Ich könne eben nicht einschätzen, was der Nikotinkick für die Psyche eines Rauchers wert sei. Mag sein. Doch auch im Bereich des Öffentlichen gibt es bisweilen Schwierigkeiten mit den Kosten und ihrer Relation zum erhofften Nutzen. Im Ernst: Investieren nicht viele Menschen heutzutage in eine langjährige Ausbildung, um am Ende in prekären Arbeitsverhältnissen zu landen? Und fehlen nicht umgekehrt der Industrie zunehmend qualifizierte Fachkräfte, weil zu wenig Menschen sich für eine Ausbildung in den technischen Fächern Mathematik, Informatik, Natur- und Ingenieurwissenschaften entscheiden?

Genau dies dachte sich das Bundesministerium für Bildung und Forschung, als es am 9. Januar 2008 die Schaffung einer aufwendigen Internetbörse mit dem Namen »Technikum« verkündete. Ziel war es, Schülern nach dem Schulabschluss Praktikantenstellen zu vermitteln, um sie so für ein Studium technischer Fächer zu interessieren. Vier Millionen Euro hatte die Netz-Plattform bis Mitte des Jahres 2010 verschlungen. Da entdeckte der Bund der Steuerzahler bei seinen Recherchen, dass über das Technikum bis zu diesem Zeitpunkt sage und schreibe 18 Praktikantenplätze vermittelt worden waren. Das war natürlich unangenehm für das Bildungsministerium. Im Herbst 2010 wurde das Projekt Technikum begraben. Welchen Kick derlei absurde Geldverbrennung den verantwortlichen Ministerialbeamten verschafft – das kann ich als einfacher Bürger in der Tat nicht einschätzen.

Die teuerste (Energie-)Sparmaßnahme (2011)

Es ist ein Musterbeispiel für die Mängel im Beschaffungswesen. Und ein Beweis dafür, dass selbst einfachere Rechenaufgaben für manchen Ministerialbeamten zu kompliziert erscheinen. Hintergrund ist die »Green IT«-Initiative der Bundesregierung: Nachdem der durch den IT-Betrieb verursachte Energieverbrauch im Jahr 2009 einen Höchststand erreichte, sollte dieser bis zum Jahr 2013 in allen Ressorts des Bundes um 40 Prozent reduziert werden. Stellt sich die Frage, mit welchen Mitteln diese Ersparnis erzielt wird, und zu welchem Preis.

Mit dem vergabefremden Ziel, etwas für die Umwelt zu tun, wurden im Bundesinnenministerium 606 energieeffiziente Bildschirme für 150 000 Euro angeschafft. Davon erhoffte man sich eine Stromersparnis von 2500 Euro im Jahr. Die Monitore werden sich also 60 Jahre später amortisiert haben. Nun dürfte jedem klar sein, dass die Lebensdauer von Computerbildschirmen weit, weit unter 60 Jahren liegt. Ein sechs Jahre alter Monitor gilt bereits als alt. Nicht nur die derzeit angestellten Beamten werden also das Jahr der Amortisierung dieser Investition nicht mehr im Amt miterleben. Hinzu kommt, dass die Geräte aus Mitteln des Konjunkturpakets II bezahlt wurden. Diese Mittel sind kreditfinanziert und daher mit jährlichen Zinsen belastet. Für die Neuanschaffung der Bildschirme fällt damit bei einem Zinssatz von nur knapp über 3 Prozent ein jährlicher Betrag von 5000 Euro an – das Doppelte der 2500 Euro, die an Stromkosten eingespart werden. Insofern werden sich die Monitore in 60 Jahren gar nicht amortisieren, sondern vielmehr ihren Kaufpreis verdoppeln. Da ist es dann vielleicht doch gut, dass Bildschirme eine so kurze Lebensdauer haben.

Aufs Eis geführt (2002)

Ich wollte schon immer mal in die Antarktis fahren. Sie gehört zu den außergewöhnlichsten Tourismuszielen, auch wenn die Besucherzahlen steigen. Wer von einer Tour durch die Antarktis kommt, kann bei der Vorführung der Urlaubsfotos vor allen anderen glänzen. Genau das will ich. Ich werde natürlich Sprengstoff mit auf die Reise nehmen. Denn das Gebiet ist kaum erschlossen – es könnte durchaus passieren, dass mir auf meiner Wanderung mal ein Felsbrocken im Weg liegt. Unter Umständen hilft da dann nur noch sprengkräftiges Dynamit. Oder eben TNT. Einen Bausatz findet man heute ja ohne Weiteres im Internet (muss nur aufpassen, dass die Polizei bei der verbotenen Überwachung meiner Aktivitäten im Netz nicht auf die Idee kommt, ich plante einen terroristischen Anschlag). Dann wäre da noch mein Hund. Der muss ebenfalls mit. Und natürlich mein Schweizer Taschenmesser, mit dem ich auf Steinen und Gebäuden meinen Namen einritzen kann. Denn was für einen Sinn hätte die weite Reise, wenn ich mich der Nachwelt nicht in Erinnerung halten würde?

So oder so ähnlich muss sich das Umweltbundesamt die Gedankenwelt des einfachen deutschen Bürgers vorstellen. Wie sonst käme man auf die Idee, einen »Leitfaden für die Besucher der Antarktis« zu erstellen, aus dem unter anderem zu erfahren ist, dass man bei Reisen in das Gebiet um den Südpol möglichst keinen Sprengstoff mit sich führen soll? Mal ganz davon abgesehen, dass man doch hoffentlich mit Sprengstoff ohnehin keine einzige Flughafenkontrolle passieren würde. Und dass es ein internationales Abkommen, der Antarktisvertrag, untersagt, Namen auf Gebäude oder in Steine zu ritzen? Immerhin ist es erfreulich, dass der aufzuklärende Bürger in dem Papier darüber informiert wird, das Klima sei in der Antarktis »für menschliche Verhältnisse außerordentlich harsch«. Tatsächlich hätte ich doch beinahe vergessen, mir warme Kleidung und geeignetes Schuhwerk einzupacken.

3 KLEINVIEH MACHT AUCH MIST

Neben den Schwarzbüchern, die nur einmal jährlich im Herbst erscheinen, veröffentlicht der Bund der Steuerzahler neuerdings im Frühjahr eine kleinere Publikation mit Beispielen für überflüssige Ausgaben aus dem Bundeshaushalt. Diesen Vorschlägen der sogenannten »Streichliste« liegt prinzipiell die Frage zugrunde, ob die geplanten oder bereits getätigten Ausgaben wirklich öffentliche Aufgaben sind, oder ob sie nicht, wie in vielen Fällen, besser dem freien Markt überlassen würden. Die folgenden Beispiele aus den beiden Frühjahrspublikationen, »Einsparpotenzial im Bundeshaushalt – Die Streichliste des Bundes der Steuerzahler« von 2011 und »Aktion Frühjahrsputz« 2012 – 30 Einsparvorschläge für den Bundeshaushalt« sind hier im originalen Wortlaut wiedergegeben.

DIE STREICHLISTE DES BUNDES DER STEUERZAHLER 2011

260 000 Euro für Torf-Lippenpflegestifte

Das Gebiet der Lippenpflegestifte darf nicht dem freien Markt überlassen werden. Dachte sich das Bundesforschungsministerium und fördert nun mit knapp 260 000 Euro die Entwicklung eines neuartigen Lippenpflegestifts. Basis des neuen Pflegestifts soll – nun ja – Torf sein. Ob das eine konsequente oder eine überzogene Fortführung des allgemeinen Trends zu Naturkosmetik ist, bleibt abzuwarten. Nicht jeder oder jede mag es naheliegend finden, sich Torf an die Lippen zu führen. Andererseits zieht vielleicht das Argument, dass Torf vor UV-Strahlen schützt und Entzündungen hemmt. Doch in jedem Falle sollte klar sein, dass Lippenpflegestifte ein Thema für die Kosmetikindustrie, aber kein Fall für die Bundespolitik sind.

3000 Euro für den Deutschen Pflügerrat

Wie wichtig das Pflügen ist, wissen wir seit Jahrtausenden. Wir danken den Pflügern dieser Welt täglich mit unserer Bezahlung beim Bäcker. Doch inzwischen ist das Pflügen sogar zum Wettkampfsport geworden. Der Weltpflügerrat veranstaltet sogar Weltmeisterschaften im Pflügen. Alles schön und gut. Aber muss das Bundeslandwirtschaftsministerium dem Deutschen Pflügerrat jährlich 3000 Euro überweisen, damit dieser Mitglied im Weltpflügerrat sein kann?

Und falls demnächst Weltmeisterschaften im Löten stattfinden? Ist dann der Steuerzahler auch in der Verantwortung? Fragt besorgt der Bund der Steuerzahler.

60 Millionen Euro für Kinofilme

Die Subventionierung von Filmproduktionen ist eine der Lieblingsbeschäftigungen von Bund und Ländern. Hier kann man das Angenehme (Kinoflair!) mit dem vorgeblich Nützlichen (Wirtschaftsförderung!) verbinden. Der Bund förderte im Jahr 2009 u.a. *Inglourious Basterds,* einen inzwischen Oscar-prämierten Kinoerfolg von Erfolgsregisseur Quentin Tarantino mit Starschauspielern wie Brad Pitt und Til Schweiger. 6,8 Millionen Euro kostete das die deutschen Steuerzahler. Von den Millionen, die der Film inzwischen eingespielt hat, haben sie aber nichts! In 2010 galt u.a. Roland Emmerichs neuer Film *Anonymous* als subventionsbedürftig. 4,4 Millionen Euro waren hier vorgesehen. Völlig unnötig, findet der Bund der Steuerzahler. Solche Filme kommen auch ohne Subventionen in die Kinos. Dass mit der Filmförderung deutsche Produktionsstandorte gestärkt werden können, ist kein überzeugendes Argument. Die Subventionen schwächen andere Branchen, die die Mittel erwirtschaften müssen. Der Bund der Steuerzahler ist sich sicher: Wir können auch anders.

31 Millionen Euro für teure Berlin-Fahrten

Jeder Bundestagsabgeordnete kann dreimal pro Jahr insgesamt 150 politisch interessierte Bürger aus seinem Wahlkreis auf einen Berlin-Trip einladen. Bezahlt wird die Tour samt Anreise, Hotel-Unterbringung, Verpflegung und Stellung eines komfortablen Reisebusses in Berlin durch das Bundespresseamt, welches hierfür jährlich rund 23 Millionen Euro ausgibt. Diese teils mehrtägigen Berlin-Fahrten bekommen also viele Bürger für lau. Auf dem Programm stehen ein Reichstagsbesuch, in Sitzungswochen die Teilnahme an einer Plenarsitzung, Ministeriumsvisiten und diverse Informationsgespräche. Eine mehrstündige Stadtrundfahrt ist selbstverständlich obligatorisch wie auch eine Begleitung der Tourteilnehmer durch einen Betreuer des Bundespresseamtes. Kritikwürdig ist ebenso die Praxis der Bundestagsverwaltung, die es jedem Abgeordneten gestattet, pro Jahr 230 Gäste zu einem Plenar- oder Informationsbesuch nach Berlin einzuladen. Auch hier müssen die Steuerzahler herhalten, denn der Eigenanteil der Eingeladenen liegt nur bei 10 Euro. Zwar werden keine Übernachtungskosten erstattet, dafür erhalten die Besucher jedoch ein Essen gratis. Der Bund der Steuerzahler hält eine stärkere finanzielle Beteiligung der Reiseteilnehmer für vertretbar, zumal die Kosten für die Berlin-Fahrten – ob über das Bundespresseamt oder den Bundestag – in den letzten Jahren massiv gestiegen sind. Für beide Tour-Alternativen gaben Presseamt und Bundestag 2007 knapp 22 Millionen Euro aus. Inzwischen stehen hierfür bereits 31 Millionen Euro bereit.

2,3 Millionen Euro für die Bayreuther Festspiele

Bei den Bayreuther Festspielen tummelt sich bekanntlich viel Prominenz. So wundert es kaum, dass die Festspiele aus dem Kanzleretat mit 2,3 Millionen Euro subventioniert werden. Doch ist es Aufgabe des Steuerzahlers, einem weltbekannten und hochkarätigen Musikfestspiel finanziell unter die Arme zu greifen? Der Bund der Steuerzahler sagt Nein, finanzieren doch u.a. Großkonzerne wie Audi oder Siemens die Bayreuther Festspiele als Sponsoren. Die Liste der Mäzene und Spender scheint endlos. Förderer und Finanziers gibt es also genug. Die Steuergeldbezuschussung sollte daher eingestellt werden.

6 Millionen Euro für den Aktionsplan »IN FORM«

Der Bürger ist nicht mündig und kann schlecht für sich selbst entscheiden. Dieser Ansicht scheinen das Bundesgesundheits- und das Bundesverbraucherschutzministerium zu sein. Beide finanzieren den Aktionsplan »IN FORM« der Bundesregierung. Er beinhaltet Maßnahmen zur Prävention von Fehlernährung, Bewegungsmangel, Übergewicht und Krankheiten, die damit zusammenhängen. Diesen Gesundheitsrisiken hat die Bundesregierung den Kampf angesagt. Durch umfassende Werbe- und Informationskampagnen soll der Bürger zurück auf den Weg der gesundheitlichen Tugenden geführt werden. Der Bund der Steuerzahler hält den Aktionsplan für ein fettes Ding. Mittels 6 Millionen Euro Steuergelder durch farbenfrohe Broschüren, Internetplattformen und unzählige Projekte den Bürgern eine gesunde Ernährung und Bewegung vorgeben zu wollen, kann nicht funktionieren. Der Aktionsplan muss finanziell abgespeckt werden. Das entschlackt den Bundeshaushalt, sodass er mehr Bewegungsfreiheit bekommt.

55 000 Euro für besseren Öko-Topfschnittlauch

Wir alle möchten uns gesund ernähren, daher liegen Öko-Produkte im Trend. Nur der Topfschnittlauch aus Ökoanbau macht Probleme. Seine oft mangelhafte Qualität lässt viele Konsumenten verzweifeln. Die Ökoerzeuger haben große Schwierigkeiten, die Nachfrage nach Öko-Schnittlauch mit hoher Qualität zu bedienen. Vorteil also für den Schnittlauch aus konventioneller Anbauweise. Doch dieser Gemeinwohl schädigende Missstand muss dringend beseitigt werden, dachte sich das Bundeslandwirtschaftsministerium – mit Steuergeldern versteht sich. So erhält eine bayerische Öko-Beratungsfirma knapp 55 000 Euro, um die Erfolgsfaktoren in der Schnittlauchballenproduktion zu ergründen. Anhand der Ergebnisse sollen Freiland-Bauern und Topfkräuterproduzenten entscheidende Hinweise erhalten, um die misslichen Qualitätsprobleme beim Öko-Schnittlauch in den Griff zu bekommen. Doch wenn bei Öko-Topfschnittlauch eine scheinbar so hohe Nachfrage und Marktlücke besteht, ist es dann nicht im Eigeninteresse der Hersteller und Vermarkter, hier eine intensive Züchtungsforschung voranzutreiben? So viel Öko-Nischenförderung ist zum grün ärgern!

AKTION FRÜHJAHRSPUTZ 2012

230 000 Euro für bunte Biomöhren

Das Bundesernährungsministerium hat gerade ein Förderprogramm gestartet: drei Jahre Laufzeit, Fördervolumen rund 230 000 Euro. Ziel ist es, bunte Biomöhren zu züchten, und zwar in Weiß, Gelb, Rot und Violett! Beteiligt sind die satimex Züchtersaaten GmbH, das Julius-Kühn-Institut und die Landesanstalt für Landwirtschaft Sachsen-Anhalt.

Den Steuerzahlern wird es wirklich langsam zu bunt: Die Bundesregierung sorgt sich mit Steuerzahlergeld um die Farbe von Biomöhren! Komplett überflüssig. Violette oder gelbe Möhren gibt es längst. Ein Finetuning oder neue Farben kann Schwarz-Gelb getrost denen überlassen, die dafür zuständig sind, nämlich den privaten Unternehmen!

170 000 Euro für die Außenbeleuchtung von Shell-Tankstellen

Royal Dutch Shell, das mit rund 485 Milliarden US-Dollar Jahresumsatz zweitgrößte Unternehmen der Welt, wird vom deutschen Steuerzahler subventioniert. Dank des Bundesumweltministeriums erhält Shell Deutschland knapp 170 000 Euro im Rahmen des aktuellen »Umweltinnovationsprogramms«. Mit dem Geld soll Shell die Außenbeleuchtung von 50 seiner deutschen Tankstellen auf Strom sparende LED-Technik umrüsten. Es ist unglaublich, dass Steuerzahler dazu beitragen sollen, die Lichtstromkosten eines Weltkonzerns zu senken, obwohl der Konzern im vergangenen Jahr 31 Milliarden Dollar Gewinn verbucht hat.

800 000 Euro für fehlerfreie Sanitärkeramik

Energie ist teuer. Da auch die Hersteller von keramischen Erzeugnissen viel Energie für den Produktionsprozess benötigen, sind neue Verfahrenstechniken sehr willkommen. Zwar wurde in den letzten Jahren der Fertigungsprozess selbst energetisch optimiert, doch sind die Verfahren zur Behebung von Produktionsfehlern weiterhin Energiefresser. Zum Wohle von Klima- und Umweltschutz sah sich das Bundesforschungsministerium dazu veranlasst, im Rahmen des Projekts EcoRepair die Entwicklung eines neuartigen Reparaturwerkstoffs zu fördern, welcher mit wesentlich geringerem Energieaufwand und mittels innovativer Materialien Fehler in sanitärkeramischen Oberflächen beseitigt. Nutznießer der Subventionierung ist unter anderem der renommierte Keramikhersteller Villeroy & Boch, der vom Bund mehr als 243 000 Euro erhält. Das Gesamtprojekt verschlingt nahezu 800 000 Euro Steuergelder.

Die Subventionierung eines Premium-Marken-Herstellers durch das Bundesforschungsministerium lässt nur den Schluss zu, dass das Ministerium über zu viele Fördergelder im Etat verfügt. Villeroy & Boch präsentiert sich immerhin selbst als innovationsstarkes Unternehmen. Warum muss also der Steuerzahler für diese Innovation aufkommen? Ein neues energieeffizientes Niedrigtemperaturverfahren sollen die Keramikhersteller bitte schön selbst entwickeln, denn sie profitieren auch von den entsprechenden Kosteneinsparungen. Die Gemüter der Steuerzahler würden so abgekühlt.

1,4 Millionen Euro für die Produktion von Synthesegas

Forschungssubventionen für DAX-Unternehmen? Für das Bundeswirtschaftsministerium ist das kein Problem. Das Geld kommt ja schließlich von fremden Steuerzahlern. Das noch bis Jahresende laufende Projekt »DryRef« kostet zum Beispiel knapp 1,4 Millionen Euro. Der Großteil fließt an die BASF (312 000 Euro) und an die BASF-Tochter hte AG (485 000 Euro) sowie an die Linde AG (45 000 Euro). Der Rest – rund 533 000 Euro – geht an drei universitäre Einrichtungen. »DryRef« soll erforschen, wie aus Kohlendioxid Synthesegas – also letztlich Chemierohstoffe und gegebenenfalls Kraftstoffe – hergestellt werden kann. Die Grundidee ist nicht neu, verschiedene Verfahren mit unterschiedlicher Ausreifung sind bekannt. Und neu ist leider auch nicht der Ansatz der Regierung, lieber die Forschungsetats von DAX-Unternehmen als die Steuerzahler zu schonen.

4 Millionen Euro für eine Neuverfilmung von *Tarzan*

Jeder kennt ihn. Der Roman dazu ist 100 Jahre alt. Dutzende Verfilmungen hat es seither gegeben. *Tarzan!* Zeit für eine weitere Verfilmung, diesmal auf Steuerzahlerkosten? Ja, meint doch tatsächlich die Bundesregierung. Und schenkt der Constantin Film Produktion GmbH 4 Millionen Euro für eine 3-D-Verfilmung des Klassikers. Weitere insgesamt 3,25 Millionen Euro gibt es als Darlehen von Bayern, Bremen, Niedersachsen und dem Bund obendrauf. Es ist zum Schreien!

270 000 Euro für roten Apfelsaft

Roter Apfelsaft ist Staatsaufgabe, meint das Bundesforschungsministerium. Und spendiert derzeit knapp 270 000 Euro für ein Projekt der universitären Forschungsanstalt Geisenheim. Dort soll mit Partnern wie der Natursaft Sachsen GmbH und der Eckes Granini Group ein »innovatives Produkt« entwickelt werden. In der Projektbeschreibung heißt es unverblümt: »Die deutsche Fruchtsaftindustrie ist zur Sicherung ihrer Wettbewerbsfähigkeit auf neue, innovative Produkte angewiesen … Es geht also darum, den Forschungs- und Entwicklungsbedarf der gesamten Herstellungs- und Verarbeitungskette zu decken und damit ein tragfähiges Produktions- und Verarbeitungssystem für ein neues Produkt, den roten Apfelsaft, zu schaffen.« Roter Apfelsaft fällt ganz sicher nicht in den Zuständigkeitsbereich der Steuerzahler. Fragen zur Wettbewerbsfähigkeit von Fruchtsaftfarben hat die »Fruchtsaftindustrie« zu beantworten, nicht die Bundesregierung.

135 000 Euro für Gummi aus kaukasischem Löwenzahn

Gummi aus kaukasischem Löwenzahn? Genau, das haben die Deutschen schon in den 1940er-Jahren versucht. Jetzt lebt die Idee wieder auf. Der Weltmarktpreis für Naturkautschuk aus »Gummibäumen« war schließlich in den vergangenen Jahren stark gestiegen. Inzwischen ist der Weltmarktpreis zwar wieder gefallen, doch es liegt auf der Hand, dass die Gummi verarbeitende Industrie an Kautschuk-Alternativen interessiert ist und Forschung betreiben könnte. Nur ist das der Bundesregierung zu einfach, sie will auch mitspielen. Mitte 2011 startete deshalb das Bundeslandwirtschaftsministerium ein Förderprogramm für zunächst ein Jahr und 135 000 Euro. Private Labor- und Züchtungsfirmen sollen zusammen mit der Universität Münster erforschen, wie der kaukasische Löwenzahn ertragreicher werden kann. Die Qualitätsmaßstäbe liefert u.a. die Continental Reifen AG. So sieht also marktwirtschaftliche Arbeitsteilung à la Schwarz-Gelb aus. Ohne Not verschleudert die Bundesregierung auch hier Steuergelder.

320 000 Euro für Kindergarten-Akademien in China

Bekanntlich sind deutsche Waren und Dienstleistungen weltweit gefragt. Doch scheint jetzt auch die Ausbildung zu hoch qualifizierten Erzieherinnen und Erziehern ein Exportschlager zu sein. Zumindest fördert das Bundesbildungsministerium die Errichtung von Kindergarten-Akademien in China mit knapp 320 000 Euro. Diese Akademien sollen innerhalb Chinas eine fachgerechte Ausbildung von Erziehern ermöglichen – nach deutschen Standards versteht sich. Auf die Weise wird dem chinesischen Nachwuchs mithilfe deutscher Steuergelder bereits die Qualität von »Made in Germany« näher gebracht.

Bildungspolitik ist in Deutschland Ländersache. Die Aus- und Weiterbildung zum Erzieher ist hierzulande nicht bundeseinheitlich geregelt, sondern unterliegt den jeweiligen landesrechtlichen Bestimmungen. Wenn also der Bund hier schon nicht mitreden kann, dann geht er eben mit dem Geld der Steuerzahler in den fernen Osten. Zugleich aber fehlen in Deutschland die öffentlichen Mittel für einen zügigen Ausbau von Kitaplätzen. Wäre hier nicht eher der chinesische Staat gefordert, eine solide Ausbildungsstruktur für seine Erzieher zu finanzieren – und sei es durch den Import ausländischen Bildungs-Know-hows?

4 VERSCHWENDUNG SICHTBAR MACHEN

DIE GESCHICHTE DES SCHWARZBUCHES

Ein 27 Seiten starkes Bändchen, im Quartformat mit lilafarbenem Einband. Das Coverfoto zeigt einen Fensterrahmen. Ein Unterarm ragt heraus. Die Finger sind gestreckt, sie haben gerade etwas losgelassen: eine Handvoll Geldscheine. So sah das erste Schwarzbuch aus dem Jahr 1973 aus. Es trägt noch kein Erscheinungsdatum – keiner glaubte damals an eine Publikation, die wiederholt herausgegeben und über Jahre Bestand haben würde. Auch der Ausdruck »Schwarzbücher« wurde erst später geprägt, als die Hefte zum Markenzeichen des Bundes der Steuerzahler avancierten. Die ursprüngliche Idee war eine Dokumentation einzelner, typischer Beispiele, die – auch daran hat sich in fast 40 Jahren nichts geändert – den immer selben Tatbestand öffentlich sichtbar machen sollten: eklatante Missstände und unnötige Ausgaben in der öffentlichen Verwaltung, die dem Steuerzahler nicht zuzumuten sind.

Kaum jemand kennt den offiziellen Titel der Schwarzbücher: *Die öffentliche Verschwendung.* Er zielte damals ins

Herz der politischen Debatte um die »öffentliche Armut«. Ein Schlagwort, unter dem noch heute der Steuerzahler regelmäßig zur Kasse gebeten wird. Die Rede von den leeren Kassen, so argumentierten die Autoren des ersten Schwarzbuches, passte nicht zum oft verantwortungslosen Umgang mit den öffentlichen Mitteln. Das Schwarzbuch sollte die Verschwendung von Steuergeldern nicht nur enthüllen, sondern auch dafür sorgen, dass die aufgedeckten Skandale nicht als Einzelfälle verharmlost wurden, um anschließend allzu schnell in Vergessenheit zu geraten. So verkündete das erste kleine Bändchen in seinem Untertitel vollmundig: »Eine Dokumentation des Bundes der Steuerzahler, die das Märchen von der öffentlichen Armut widerlegt.«

Über die Entstehung des ersten Schwarzbuches kursieren unterschiedliche Versionen. Zunächst hatte es einige Jahre zuvor eine ähnliche Dokumentation gegeben mit dem Titel *Mehr scheinen als sein?*. Genau erinnere ich mich, dass der Leiter der Pressestelle im Bund der Steuerzahler Nordrhein-Westfalen in seinem Schreibtisch eine Mappe aufbewahrte. Sie enthielt Beispielsfälle über die Verschwendung von Steuergeldern, die er sammelte und bei Bedarf Journalisten schilderte. So einfach machte man damals Presse- und Öffentlichkeitsarbeit! Ähnlich wurde wohl auch in der Pressestelle des Präsidiums des Bundes der Steuerzahler verfahren. So mag die Idee entstanden sein, daraus eine Dokumentation zu erstellen. Sie sollte als Sprachrohr für jene dienen, die keine andere Lobby haben: die Steuerzahler, denen viel zu selten Rechenschaft abgelegt wird über den Umgang mit ihrem Geld.

Die Autoren des ersten Schwarzbuches wollten keineswegs pauschal den Stab über die Aufgabenerfüllung der öffentlichen Hand brechen. Das wurde damals betont, und auch ich weise seither immer wieder darauf hin. Doch die Fälle sind zu zahlreich, zu gravierend und zu flächendeckend. Die Milliarden, die in Bund, Ländern und Gemeinden zum Fenster hinausgeworfen werden, verschwinden einfach. Darauf muss jemand aufmerksam machen.

Schon in der ersten Ausgabe der Dokumentation war die öffentliche Verschwendung in all ihren Spielarten vertreten: es ging um Fehlplanungen und Bauskandale, Arbeitsbeschaffung für städtische Ämter (es ist ja mein Geld!) oder die Reisen von Politikern und Angestellten der öffentlichen Verwaltungen.

Das erste Schwarzbuch enthielt gleich ein besonders spektakuläres Kapitel: Beim »Sport-Spurt in die Milliarden« schafften es die Olympischen Spiele in München 1972, die bei einem Kostenvoranschlag von 520 Millionen Mark gestartet waren, eine Strecke des fast vierfachen Betrages zurückzulegen und so bei der Ziellinie von 1972 Millionen Mark zu landen. War da Zahlenmystik im Spiel? Denn die erreichte Summe entsprach tatsächlich genau dem Jahr der Spiele: 1972 – Millionen! Sieger in diesem Rennen wurde das Dach des Olympiastadions, das 1967 für 18 Millionen Mark geplant und dann mit 188 Millionen Mark für mehr als das Zehnfache vollendet wurde. Im Konzept der Planer für die Olympischen Spiele stand damals: »Spiele im Grünen, Spiele der Freiheit, Spiele von menschlichem Maß.« Später wird der Schatzmeister des Organisationskomitees zitiert: »Hätten 1969 die Baukosten des Daches mit 80 Millionen DM festgestanden, so wäre es nicht gebaut worden.« Da ist es irgendwie verständlich, dass man das Dach später auch als »achtes Weltwunder« bezeichnete. Denn sind Wunder nicht Dinge, die es eigentlich gar nicht geben dürfte? In der Rückschau finde ich es bemerkenswert, dass in den Auseinandersetzungen, die sich an die Spiele anschlossen, ausschließlich über die erheblichen Baukostenüberschreitungen gestritten wurde. Dabei stellte man unter anderem fest, dass es nur einen auf vagen Überlegungen basierenden Kostenplan gab, der, so hieß es in den Verhandlungen, nicht vollzugsverbindlich gewesen sei.

Die erste Dokumentation *Die öffentliche Verschwendung* stieß auf ein Interesse, das uns alle überraschte. Man beschloss, diese Arbeit fortzusetzen – auch wenn mancherorts über die Einzelbeispiele geschmunzelt wurde. Offenbar war die politische Öffentlichkeit immer noch geneigt, den im Schwarzbuch geschilderten Fällen den Stempel der unrühmlichen Ausnahme aufzudrücken und ihnen auf diese Weise den Stachel zu ziehen. Wohl auch deshalb setzte man sich 1975 bereits neue Ziele, versuchte, noch stärker in die Diskussion einzugreifen. So stellten die Autoren des neuen Schwarzbuches einen Zusammenhang von Steuerhinterziehung und Steuerverschwendung her. Während der Gesetzgeber für die Steuerhinterzieher harte Strafen vorsehe, so wurde argumentiert, gingen die Steuerverschwender in den meisten Fällen straffrei aus. »Eine solche Ungleichbehandlung ist ungerecht«, heißt es 1975. Als neues Motto wurde die Formel »Verschwendungsstopp durch Strafandrohung« geschaffen. Bis heute kämpft der Bund der Steuerzahler für eine strafrechtliche Verfolgung des verantwortungslosen Umgangs mit Steuergeldern.

Als Schwarzbuch des Bundes der Steuerzahler bekannt und berüchtigt geworden, erscheint die Dokumentation seit 1975 Jahr für Jahr jeweils im Herbst und möglichst vor dem Bericht des Bundesrechnungshofes. Anders als die Rechnungshöfe in Bund und Ländern scheut sich der Bund der Steuerzahler dabei nicht, »Ross und Reiter« zu nennen: Indem die Namen von Personen, Orten und Behörden angegeben werden, bleibt die Beschreibung der Verschwendung nicht im Unverbindlichen. Das hat den Vorteil, dass die diffuse Rede über »die Politiker«, auf die man pauschal mit dem Finger zeigt, vermieden wird und stattdessen nur jene, die es betrifft, genannt werden. Es ist jedoch nicht ganz ungefährlich. Niemand kann zu hundert Prozent ausschließen, sich einmal zu irren. Da im Schwarzbuch die Schuldigen jedoch förmlich am Pranger stehen, sind Irrtümer hier besonders schmerzhaft. Deshalb ist es auch in meiner Zeit als Präsident des Bundes der Steuerzahler stets eisernes Gebot gewesen, dass alle im Schwarzbuch veröffentlichten Beispielsfälle sorgfältig recherchiert und die Recherchen dokumentiert werden. Trotz dieser eisernen Regel ist es in ganz wenigen Fällen zu Pannen gekommen. Da ich das Schwarzbuch jedes Jahr der Presse vorstellte, wurden mir Mängel bei der Recherche oft persönlich und nachhaltig vorgeworfen. Deshalb haften mir solche Pannen besonders im Gedächtnis – obwohl es sich nur um Einzelfälle aus Hunderten von Beispielen handelte.

Eine besonders schöne Pleite erlebte ich, als ich das Schwarzbuch von 1999 vor der Bundespressekonferenz in Bonn vorstellte. Es ging vor allem um die Landesgartenschau in Plochingen. Dort waren aus einem Teich zwölf

Koi-Karpfen verschwunden, die einen Gesamtwert von 60 000 Mark hatten. Natürlich schüttelten alle den Kopf über den fahrlässigen Umgang mit dem teuren Gut und wunderten sich, dass die Fische nicht besser bewacht worden waren. Sehr zur Heiterkeit der anwesenden Journalisten und Kameraleute kommentierte ich die Schilderung mit der Bemerkung: »Da hätte man die 60 000 Mark ja gleich auf den Teichrand legen können.« Am nächsten Tag schmückten Schlagzeilen über den Fischteich in Plochingen die Titelseite vieler Zeitungen.

Zurück in Wiesbaden, ging morgens bei mir das Telefon. Es meldete sich »Beck, ich bin der Bürgermeister von Plochingen«. Er erzählte mir, sein Sohn habe ihn des Nachts aus Mexiko angerufen und gefragt, was denn in Plochingen los sei. Er sei im Internet auf die Schlagzeilen gestoßen, die Plochingen und die Landesgartenschau wegen der verschwundenen Koi-Karpfen mache. Verwundert hatte Herr Beck am nächsten Morgen die Presse studiert und die Hinweise seines Sohnes bestätigt gefunden. Nachdem er mir das erzählt hatte, sagte er: »Herr Däke, die Karpfen sind wieder da.« Ich war total geplättet. Wie sich herausstellte, soll sich der örtliche Anglerverein die Karpfen ausgeliehen haben, wofür sie für kurze Zeit aus dem Teich herausgefischt worden waren. Wenig später hatte man sie ordnungsgemäß zurückgebracht. Das Verschwinden der Karpfen war jedoch der Polizei gemeldet worden, die es im Polizeibericht festgehalten und der Lokalpresse mitgeteilt hatte. Über diesen Bericht stolperte ein Mitarbeiter des Bundes der Steuerzahler. Er nahm ihn in das Schwarzbuch auf, ohne sich bei der Landesgartenschau und der Polizei zu erkundigen, ob die Berichterstattung zutreffe. Ein verhängnisvoller Fehler, denn er wurde mir immer wieder als Beispiel für die angeblich unsaubere Recherche unserer Schwarzbuchfälle vorgehalten. Die Vorwürfe gipfelten schließlich in einem Artikel des *Spiegel* mit der Überschrift: »Die Karpfen waren eine Ente.«

Der Bürgermeister von Plochingen nahm es mit Humor und gestand mir einige Zeit später, die Karpfen-Story habe einen großen PR-Effekt für Plochingen gehabt. Anlässlich der 50-Jahr-Feier des Bundes der Steuerzahler Baden-Württemberg »vergab« mir Herr Beck bei einem Glas Wein den unverzeihlichen Fehler. Denn klar ist: Wenn man jemanden öffentlich anklagt, muss das Hand und Fuß haben, insbesondere dann, wenn es in einer so bekannten Publikation wie dem Schwarzbuch geschieht.

Als Konsequenz aus diesem Vorfall führte ich schriftliche Bestätigungen aller am Schwarzbuch beteiligten Mitarbeiter ein. Seither müssen für jeden einzelnen Fall Unterlagen mit Stellungnahmen der jeweils betroffenen Behörde vorliegen. Außerdem sind diese Stellungnahmen bei jeder Fallschilderung zu berücksichtigen. Es war dies eine unbedingt notwendige Maßnahme, denn seit dem Karpfen-Fall verging kaum eine Vorstellung des Schwarzbuches, in der nicht nach der Recherchearbeit gefragt wurde.

Eine in diesem Zusammenhang häufig aufgestellte Behauptung lautete, der Bund der Steuerzahler würde keine eigenen Recherchen betreiben, sondern aus den Berichten der Rechnungshöfe abschreiben. Es ist mir ein Rätsel, wie die Kommentatoren in der Presse zu dieser Auffassung kommen. Richtig ist, dass es in den Schwarzbüchern einzelne Kapitel gibt, die von den Rechnungshöfen aufgedeckte Fälle enthalten. In den Abschnitten »Rechnungshöfe werden fündig« oder »Rechnungshöfe decken auf« bezieht sich der Bund der Steuerzahler offen auf die Arbeit dieser Institutionen, ohne sich mit fremden Federn zu schmücken. Es geht, wie ich immer wieder betont habe, darum, die wertvolle Arbeit des Bundesrechnungshofes und der Landesrechnungshöfe zu unterstützen. Wie bereits erwähnt, sollen die Schwarzbücher unter anderem dazu beitragen, dass über aufgedeckte Verschwendungsfälle kein Gras wächst.

Die Redakteure der Schwarzbücher könnten auf die Beispielsfälle der Rechnungshöfe gut verzichten, denn an Stoff mangelt es nicht. Das wird schon daraus ersichtlich, in welchem Maße die veröffentlichten Beispiele an Umfang und Anzahl zugenommen haben. Waren es in den ersten Schwarzbüchern etwa 20 bis 30 Beispielsfälle, so sind es jetzt weit über 100. Häufig werde ich gefragt, ob diese wachsende Zahl Rückschlüsse auf eine Zunahme der Verschwendung zulasse. Ich kann dies weder bestätigen noch verneinen. Erheblich zugenommen hat jedoch nach meiner Beobachtung die Sensibilität der Bürgerinnen und Bürger für die Verschwendung von Steuergeldern. Sicher ist dies auch dem Schwarzbuch und den Berichten der Rechnungshöfe zuzuschreiben, vor allem aber wohl der zunehmenden Furcht vor einer dramatisch gewachsenen Verschuldung von Bund, Ländern und Gemeinden. Ich werde darauf später noch zu sprechen kommen.

Es soll kein Geheimnis bleiben, wie die Beispielsfälle zustande kommen. Zunächst kann sich die Redaktion des Schwarzbuchs auf die Mitglieder des Bundes der Steuerzahler verlassen, die insbesondere die Landesverbände regelmäßig auf Verschwendungsfälle aufmerksam machen. Deren Schilderungen werden dann überprüft. Meistens sind es Vorgänge, die sich in der unmittelbaren Umgebung eines Mitglieds abspielen. Zudem werden in allen Landesverbänden täglich viele Zeitungen durchforstet und dabei so manche Meldung als möglicher Verschwendungsfall identifiziert. Von Zeit zu Zeit wenden sich Journalisten an die Schwarzbuchredaktionen, um eine Sache verfolgen zu lassen, die sie selbst nicht recherchieren können. Und schließlich ist die Zahl der öffentlich Bediensteten nicht zu unterschätzen, die sich in ihrer Behörde über etwas geärgert haben und es unbedingt loswerden wollen – möglichst ohne einen persönlichen Nachteil zu erleiden. Last, but not least spielen eigene Beobachtungen eine nicht unerhebliche Rolle.

Am Beginn der Schwarzbücher stand das offene Fenster mit der Hand, die Geld herauswirft. Das Coverfoto der ersten Publikation. Ich würde mich freuen, wenn dieses Fenster irgendwann geschlossen werden könnte, weil keine Steuergelder mehr zum Fenster hinausgeworfen werden. Dieses Ziel ist auch nach 40 Schwarzbüchern noch nicht erreicht. Auch wenn meine jährliche Vorstellung des Schwarzbuches zuweilen spöttisch als der »große Auftritt« des Karl Heinz Däke beschrieben wurde: Ich hätte nur zu gerne auf diesen großen Auftritt verzichtet. Aber ich fürchte, auch meine Nachfolger im Amt des Präsidenten werden es sich gefallen lassen müssen, nicht nur Zustimmung für das Schwarzbuch zu erhalten.

DIE SCHULDENUHR

In meiner Zeit als Präsident des Bundes der Steuerzahler blieb es nicht aus, dass ich aufgrund der häufigen Teilnahme an Talkshows oder Fernsehinterviews einen gewissen Bekanntheitsgrad erlangte. Besonders zeigte sich das, wenn ich, wo auch immer, als »Sie sind doch der mit der Schuldenuhr« angesprochen wurde. Es ist zwar richtig, dass ich mich mit der Schuldenuhr stark identifiziere, denn sie ist eines der wichtigsten und erfolgreichsten Instrumente, um den Umgang mit Steuern und das daraus resultierende Schuldenproblem sichtbar zu machen. Die in den Medien auftauchende Bezeichnung »Vater der Schuldenuhr« kann ich indessen nicht für mich in Anspruch nehmen. Die Idee einer Schuldenuhr entstand aber in dem Jahr, in dem ich zum Präsidenten des Bundes der Steuerzahler gewählt wurde.

Damals, 1994, hatte der Bund seine Geschäftsstelle noch in Wiesbaden. Kurz nach meinem Amtsantritt kam mein Stellvertreter Dieter Lau zu mir. Der ehemalige Präsident, Dr. Armin Feit, habe ihn vor einiger Zeit auf die »National Debt Clock« in New York aufmerksam gemacht. Es handelt sich um eine digitale Anzeige, auf der zu den bestehenden öffentlichen Schulden die neu entstehenden Schulden sekündlich aufaddiert werden. Lau schlug vor, auch für Deutschland eine Schuldenuhr einzurichten, die die Neuverschuldung von Bund, Ländern und Gemeinden anzeigen sollte.

Begeistert nahm ich Laus Vorschlag auf, denn schon in meiner Zeit beim Bund der Steuerzahler Nordrhein-Westfalen e.V., zunächst als Mitglied und dann als Vorsitzender des Vorstands, hatte ich mich sehr intensiv mit den Auswirkungen insbesondere der kommunalen Verschuldung beschäftigt. Als mir eines Tages ein Mitarbeiter eine Tabelle mit der geplanten Neuverschuldung aller Städte und Gemeinden von NRW vorlegte, entdeckte ich bei der Gemeinde Raesfeld im Münsterland eine Null. Diese Zahl überraschte mich nicht nur, sondern machte mich auch misstrauisch. Ich rief den Mitarbeiter sofort zu mir und fragte ihn, ob er sich vertan habe. Er verneinte das, doch auch er war zunächst ungläubig gewesen und hatte bereits beim Kämmerer der Gemeinde angerufen. Dort sei ihm bestätigt worden, dass Raesfeld nicht nur keine neuen Schulden aufnehmen wolle, sondern auch seine alten Schulden vollständig abgebaut habe.

Das war für mich etwas ganz Außergewöhnliches. Wir beschlossen, der Gemeinde ein Ortsschild zu überbringen mit der Aufschrift: »Raesfeld – einzige schuldenfreie Gemeinde in Nordrhein-Westfalen«. Gesagt – getan. Seit 1993 war Raesfeld schuldenfrei, 1994 überreichte ich der Stadt das neue Ortsschild. Ich war mir bewusst, dass es sich hier um ein bestaunenswertes Phänomen handelte. Doch ich hatte nicht mit der öffentlichen Wirkung gerechnet, die die Überbringung des Schildes auslöste. Auch Udo Rößing, der damalige Kämmerer und spätere Bürgermeister von Raesfeld, war überwältigt von der großen öffentlichen Aufmerksamkeit, der sich seine Gemeinde in der Folgezeit über die Landesgrenzen hinaus erfreute.

Einige Jahre später rief Herr Rößing mich an und teilte mir mit, dass Raesfeld seine Kläranlage erweitern und deshalb Schulden aufnehmen müsse. Meine Reaktion: »Herr Rößing, das können Sie mir nicht antun.« Inzwischen war Raesfeld für mich nämlich zu meiner Lieblingsgemeinde avanciert, die mir in Vorträgen landauf, landab als Vorbild und Musterbeispiel für Verantwortung gegenüber den Bürgerinnen und Bürgern sowie der heimischen Wirtschaft diente. Die achtsame Haushaltspolitik der Raesfelder zahlte sich aus: Aufgrund der Schuldenfreiheit hatte die Gemeinde keine Zinslasten zu tragen und konnte deshalb mit den niedrigsten Gewerbesteuerhebesätzen und den niedrigsten Gebühren vergleichbarer Gemeinden glänzen.

Wenige Tage später rief mich Herr Rößing wieder an, um mir mitzuteilen, dass der Rat der Gemeinde beschlossen habe, den Ausbau der Kläranlage solange zu verschieben, bis die dafür erforderlichen Mittel ohne Schuldenaufnahme nicht zur Verfügung stehen. Ich war erleichtert und konnte in der Folgezeit die Schilderung des Falls Raesfeld um das Beispiel einer weiteren vernünftigen Entscheidung ergänzen.

So weit zur Vorgeschichte, die meine Begeisterung für die Installierung einer Schuldenuhr erklärt. Ohne das Vorbild der münsterländischen Gemeinde hätte ich die Möglichkeit schuldenfreier öffentlicher Haushalte vielleicht selbst für eine Utopie gehalten. Und damit wäre die Geschichte von Raesfeld hier eigentlich zu Ende, und ich könnte weiter über das Entstehen der Schuldenuhr berichten. Eigentlich. Denn ein neues, düsteres Kapitel muss hinzugefügt werden. Im Jahr 2011 verabschiedete das Land Nordrhein-Westfalen ein Gemeindefinanzierungsgesetz (GFG), durch das die Gemeinde Raesfeld strukturbedingt mehr als eine halbe Million Euro weniger vom Land erhält als bisher. Das ist ein Skandal: Mit dem neuen Gesetz in Nordrhein-Westfalen wird es den Kommunen de facto unmöglich gemacht, schuldenfrei zu haushalten. Im selben Jahr, in dem Raesfeld den 19. Jahrestag seiner Schuldenfreiheit feiert, muss Bürgermeister Andreas Grotendorst feststellen: »Raesfeld ist die einzige Kommune in NRW, die so lange schuldenfrei ist. Das schaffen wir nur durch konsequentes Sparen und umsichtiges Haushalten. Wenn mit der Reform des GFG 2011 selbst in einer Gemeinde wie Raesfeld kein Haushaltsausgleich möglich ist, stimmt etwas am System nicht mehr.«[11]

Nun gut, 1994 erlaubte gerade das Beispiel Raesfeld es noch, an die Utopie der Schuldenfreiheit zu glauben, und so machten wir uns an die Umsetzung der Idee einer Schuldenuhr. Schon in der nächsten Sitzung des Bundesvorstandes stellten Dieter Lau und ich das Projekt vor, und die Umsetzung wurde beschlossen. Damit konnten wir die Finanzierung und die technische Umsetzung der Schuldenuhr in Angriff nehmen.

Hier half der Zufall weiter, denn wenig später entdeckte ich in der Schadowstraße in Düsseldorf eine große digitale Werbeanzeige, die als Vorbild für die geplante Schuldenuhr dienen konnte. Die Herstellerfirma war bereit, die Schuldenuhr nach unseren Vorstellungen zu bauen und an unserem Bürogebäude in der Adolfsallee 22 in Wiesbaden anzubringen. Am 12.6.1995 wurde sie dann, von großer medialer Aufmerksamkeit begleitet, eingeweiht. Da die Ziffern der Schuldenuhr den Vorplatz des Hauses bei Dunkelheit in ein rotes Licht tauchten, wurde die Stelle später das »Rotlichtviertel« von Wiesbaden genannt. Die Alarmfarbe Rot passt zur finanziellen Lage der öffentlichen Haushalte. Am Ende des Einweihungstages, dem 12.6.1995, standen Bund, Länder und Gemeinden mitsamt ihren Sondervermögen mit 1937 Milliarden Mark zu Buche, bei einer sekündlichen Neuverschuldung von 3935 Mark. Die Schuldenuhr erlaubte es, den Verlauf der immer weiter kreisenden Schuldenspirale vorauszusagen: »Mit der Präzision und der Unerbittlichkeit eines Uhrwerks manövriert sich der Staat immer tiefer in die roten Zahlen. Und zum Ende des Jahres, genau am 14.12.1995 gegen 15.30 Uhr, wird der Staat die Schallmauer von 2000 Milliarden Mark durchbrechen«, prophezeite unsere Zeitschrift *Der Steuerzahler*.

Genauso kam es dann auch. Im Januar 1996 berichtete *Der Steuerzahler*, dass der denkwürdige Augenblick, in dem die Schuldenuhr den Stand von 2000 Milliarden Mark überschreiten sollte, sogar in der Haushaltsdebatte des Deutschen Bundestages als »historische Stunde« bezeichnet wurde. Die Adolfsallee musste an diesem 14.12.1995 gesperrt werden, da dieser Augenblick »live« festgehalten werden sollte. Mit einem Trick gelang es uns, die Schuldenuhr für einen Moment anzuhalten, um Fotografen und Fernsehkameras Gelegenheit zu geben, den Sprung über die 2000-Milliardengrenze zu dokumentieren.

Heute befindet sich die Schuldenuhr am Haus in der Französischen Straße 9–12 in Berlin, wo sie es zur meistfotografierten Uhr in Deutschland gebracht haben soll. Kaum ein Tag vergeht, an dem nicht Fernsehteams, Pressefotografen oder Touristen die Sehenswürdigkeit ablichten, und manchmal, wenn Haushaltsdebatten die öffentliche Diskussion beherrschen, kommt es regelrecht zu einer Rushhour unter der Uhr. Inzwischen halten selbst die Busse der Sightseeing-Touren vor dem Haus, und immer häufiger auch Droschken, deren Kutscher die Fahrgäste auf die Schuldenuhr hinweisen.

Es gibt zahlreiche Geschichten, die sich rund um die Schuldenuhr ranken. Etwa die von einem zirka 12-Jährigen, der, nachdem er über die Schuldenuhr informiert worden war, herausplatzte: »Boah, so viel Geld hat ja noch nicht einmal Michael Jackson.« In Berlin fragten mich junge Leute, wer denn all die Schulden zurückzahlen müsse. Als ich ihnen antwortete, dass sie das als Vertreter der heranwachsenden Generation seien, brach es aus einem heraus: »Da habe ich eine bessere Idee. Ich fliege nach Amerika, raube eine Bank aus und bring das Geld dem Finanzminister. Dann bin ich meine Schulden los.«

Mit der Schuldenuhr wird die ständig größer werdende Schuldenlast sichtbar, die Geschwindigkeit der sekündlichen Neuverschuldung lässt das Problem für den Betrachter nahezu physisch werden und ist kaum zu ertragen. Im Oktober 2004 versuchte ich, ein Exemplar der Schuldenuhr im Reichstagsgebäude anbringen zu lassen. Ich schrieb an den damaligen Bundestagspräsidenten Wolfgang Thierse und trug ihm unser Anliegen vor. Wir boten sogar an, sämtliche Kosten zu übernehmen. Doch der Vorschlag wurde abgelehnt. »Es ist grundsätzlich nicht vorgesehen, dass im oder am Deutschen Bundestag Werbung oder ähnliche Aktionen privater Organisationen stattfinden können. Ich bitte deshalb um Verständnis, dass ich Ihren Vorschlag nicht aufgreifen kann«, heißt es im Schreiben des Bundestagspräsidenten vom 12.11.2004. »Im Übrigen befasst sich das Parlament von Amts wegen laufend mit der Situation der öffentlichen Finanzen. Verwendete Informationen des Steuerzahlerbundes stammen häufig nicht zuletzt aus dem Deutschen Bundestag und seinen hier beschlossenen Haushaltsgesetzen. Über die Möglichkeit der inhaltlichen Mitwirkung am parlamentarischen Prozess der Beratung der Abgeordneten sind Sie – so hoffe ich – ja hinlänglich informiert«, schreibt Thierse.

Es war gar nicht unsere Absicht gewesen, mit einer Schuldenuhr im Reichstagsgebäude Werbung für uns zu machen. Weder Name noch Logo des Bundes der Steuerzahler sollten auf der Schuldenuhr erscheinen, sondern nur blanke, nackte, vor sich hinrasende Zahlen. Sie sollten den Abgeordneten permanent den aktuellen Schuldenstand vor Augen führen.

Ich hakte nach und bat die Bundestagsverwaltung um eine erneute Prüfung unseres Anliegens, das mit einem Schreiben vom 13. Januar 2005 wiederum abschlägig beschieden wurde. »Die Berichterstattung in den Printmedien zu Ihrer Aktion macht […] deutlich, dass es sich bei der Einschätzung, die Installierung der Schuldenuhr sei eine Werbeaktion des Bundes der Steuerzahler, keineswegs lediglich um ein Missverständnis handelt«, lautete die Begründung.

Nicht alle Parlamentarier haben Angst vor roten Zahlen. So entschloss sich die CDU-Fraktion im Niedersächsischen Landtag 1997, in ihrem Fraktionssaal eine Schuldenuhr zu installieren. Als die CDU in Niedersachsen dann die Regierung übernahm, wurde uns gegenüber ausdrücklich erklärt, die Uhr verbleibe im Fraktionssaal. Eine weitere Schuldenuhr befindet sich im Haus der Geschichte in Bonn.

Ich bin fest davon überzeugt, dass die Schuldenuhr durch ihre häufige Präsenz in den Medien das Bewusstsein für die schädlichen Folgen der zunehmenden Staatsverschuldung geschärft hat, und zwar sowohl in der Bevölkerung als auch bei den Politikern. Und ich bin mir sicher, dass sie so schließlich dazu beigetragen hat, dass Schuldenbremse und Schuldenverbot im Grundgesetz verankert wurden. Deshalb bin ich stolz darauf, wenn auch nicht der »Vater der Schuldenuhr«, immerhin doch »der mit der Schuldenuhr« zu sein.

DER STEUERZAHLERGEDENKTAG

Es hilft wenig, Fälle von Verschwendung aufzudecken und zu dokumentieren, wenn die Schwarzbücher anschließend im Archiv verstauben. Die stärkste Waffe des einfachen Steuerzahlers ist der Druck, der durch die Medienöffentlichkeit entsteht. Eine wesentliche Aufgabe des Bundes der Steuerzahler besteht darin, diesen Druck in der Öffentlichkeit zu erzeugen. Deshalb bemüht er sich, die Verschwendung ebenso wie die Steuerbelastung durch zahlreiche Aktionen immer wieder neu ins Bewusstsein der Öffentlichkeit zu rücken.

Zu diesen Aktionen gehört der jährliche Steuerzahlergedenktag, der in Deutschland am 21.5.1979 zum ersten Mal begangen wurde. Als Vorbild diente der Tax Freedom Day, der in vielen Ländern der Welt zelebriert wird. Die Initiatoren hatten die Idee, mit dem Tax Freedom Day die Höhe der Abgabenlast sichtbar zu machen: Welcher Teil des jährlich erarbeiteten Einkommens geht an Steuern und Sozialabgaben an den Staat, und welcher Teil bleibt in den privaten Taschen? Setzt man die in einem Jahr gezahlten Steuern und Abgaben z.B. ins Verhältnis zum Bruttoinlandsprodukt (BIP), erhält man eine Quote. Danach wir die Anzahl der Tage eines Jahres durch diese Quote dividiert. So errechnet sich der Tag, an dem die Bürger – rein theoretisch – nicht mehr für Steuern und Abgaben arbeiten, sondern in die eigene Tasche wirtschaften.

Während in den meisten Ländern das Bruttoinlandsprodukt Grundlage für die Berechnung der Belastungsquote ist, hat sich der Bund der Steuerzahler dazu entschieden, die Berechnungsgrundlage zu verändern. Nach langen, intensiven Diskussionen im Karl-Bräuer-Institut, dem finanzwissenschaftlichen Forschungsinstitut des Bundes der Steuerzahler, kam man zu dem Ergebnis, dass die bisherige Quote hinsichtlich der Einkommensbelastung nicht aussagefähig ist. Die Bezugsgröße Bruttoinlandsprodukt beinhaltet nämlich weit mehr als nur die in der Volkswirtschaft erwirtschafteten Einkommen. Von »Brutto« wird deshalb gesprochen, weil der Verschleiß, zu dem es im Zuge von Produktionsprozessen kommt (die sogenannten Abschreibungen), noch nicht abgezogen ist. Was jedoch in den Ersatz des verschlissenen Anlagevermögens investiert werden muss, stellt kein Einkommen dar. Der Unterschied zwischen dem BIP und dem Volkseinkommen ist beträchtlich: Im Jahr 2004 belief sich das BIP in Deutschland auf 2207 Milliarden Euro, das Volkseinkommen auf 1636 Milliarden Euro. Die tatsächliche Belastung der Einkommen fällt also ganz anders aus, wenn die Summe der Steuern und Abgaben zum niedrigeren Volkseinkommen ins Verhältnis gesetzt wird.

Die neue »volkswirtschaftliche Einkommensbelastungsquote« wurde 1997 von Volker Stern aus dem Karl-Bräuer-
Institut ermittelt und dann auf die Vorjahre umgerechnet.
Im Jahr 1960 betrug sie 40,3 Prozent, bis zum Jahr 2000
stieg sie auf den historischen Höchststand von 56,3 Prozent.
Allerdings ist die neue Berechnungsformel nicht unumstrit-
ten. Sie wird insbesondere von Politikern kritisiert, denen
eine hohe Quote unangenehm ist. Ihr Urheber Volker Stern
schreibt 2008: »Diese Kritik, die im letzten Jahr speziell vom
BMF [Bundesministerium der Finanzen; der Verf.] gekommen ist, ist in der Form neu. Früher wurde die Quote auch
vom BMF unaufgeregt zur Kenntnis genommen […]. Heute ist die Veröffentlichung von solch hohen Zahlen aus
dortiger Sicht offenbar nicht erwünscht.«[12] Doch im Laufe
der Zeit gelang es, insbesondere die Medien davon zu über-
zeugen, dass die volkswirtschaftliche Einkommensbelastungsquote ein realistischeres Belastungsbild zeichnet. Im
Jahr 2000 wurde die Berechnung des Steuerzahlergedenktags auf die neue Methode umgestellt. Damit waren ausnahmsweise zwei Steuerzahlergedenktage zu begehen: am
3.6.2000 nach der alten und am 20.7.2000 nach der neuen
Methode.[13]

Die Bekanntgabe des Steuerzahlergedenktags erfolgt jährlich in den Medien. 2006 lag die Quote bei 51,02 Prozent. So
habe ich am 4. Juli bei einem Pressefrühstück bekannt
gegeben: »Ab morgen um 5.35 Uhr werden die Deutschen
wieder für ihr eigenes Konto arbeiten. Denn auf diesen Tag
fällt der vom Bund der Steuerzahler errechnete Steuerzahlergedenktag. Bis heute haben wir unser erwirtschaftetes
Einkommen rein rechnerisch an die Staatskasse gezahlt.«

2009 stieg die volkswirtschaftliche Einkommensbelastungsquote auf 53,3 Prozent. Bei einer Pressekonferenz am 13. Juli lautete die Erklärung: »Der Steuerzahlergedenktag fällt auf den 14. Juli und ist damit sechs Tage später als im Jahr 2008. Bis 8.42 Uhr wurde das gesamte Einkommen, das die Steuer- und Beitragszahler vor diesem Datum erwirtschaftet haben, rein rechnerisch an den Staat abgeführt.« Und am 5.7.2011 hieß es: »Morgen, am 6. Juli, ist der Steuerzahlergedenktag 2011! Die volkswirtschaftliche Einkommensbelastungsquote wird voraussichtlich bei 51 Prozent liegen, das sind 0,3 Prozentpunkte mehr als 2010. Der 6.7.2011, 3.36 Uhr ist der exakte Zeitpunkt, bis zu dem die Steuer- und Abgabenzahler – rein rechnerisch – für den Staat arbeiten. Ab 3.37 Uhr arbeiten sie für ihr eigenes Portemonnaie. Damit arbeiten die Steuerzahler in diesem Jahr zwei Tage länger für den Staat als noch im vergangenen Jahr.«

Auf die Pressestatements folgten regelmäßig Tabellen über die bisherige Entwicklung der volkswirtschaftlichen Einkommensbelastung. So betrug die Quote 1960 40,3 Prozent, 1970 43,8 Prozent, 1980 50,5 Prozent, 1990 lag sie bei 47,9 Prozent, 2000 bei 56,3 Prozent, 2010 waren es 50,7 Prozent.

In manchen Jahren wurden die Pressekonferenzen durch weitere Aktionen ergänzt. Am 24.7.2000 trug ich symbolisch einen Steuersack zum Reichstag. Diesen Sack, der die Steuerbelastung symbolisch darstellen sollte, schleuderte ich weit weg auf den vor mir liegenden Fußweg. Damit hatte ich mich von der Steuerbelastung befreit. Für den 20.7.2001 wurde ein Glas angefertigt, das die Entwicklung der Abgabenbelastung anhand einer maßstabsgetreuen Grafik widerspiegelte.

Am 23.7.2002 wurden stilisierte 100-Euro-Scheine genau durch die Belastungsquote zerteilt, am 15.7.2004 schnitt ich eine große Torte an, die als eine 1-Euro-Münze gestaltet war und ebenfalls im Verhältnis der Belastungsquote geteilt wurde.

Am 13.7.2007 schlug ich vor dem Bundesfinanzministerium in der Wilhelmstraße am Steuerzahlergedenktag exakt um 11.40 Uhr auf einen großen Gong.

Jedes Jahr provozierten die Aktionen zum Steuerzahlergedenktag Kritik vonseiten der jeweils im Bundestag vertretenen Mehrheitsfraktionen. Man bezichtigte mich des Populismus oder zog die Berechnungsmethode in Zweifel. War die Belastungsquote jedoch einmal gesunken, lobten sich die Regierungsfraktionen und betonten, selbst der sonst so kritische Bund der Steuerzahler habe eine Verbesserung festgestellt. Die Verbesserung schrieben sich die Regierungsparteien natürlich auf ihre eigenen Fahnen.

DIE STEUERPROTESTLINIE

Im Jahr 2002 legte der damalige Bundesfinanzminister Hans Eichel den Entwurf eines »Steuervergünstigungsabbaugesetzes« vor. Dahinter verbarg sich nicht nur eine Herausforderung für jene, die das Wortungetüm aussprechen mussten. Der Entwurf beinhaltete eine Reihe von »Steuerhämmern«, indem er zahlreiche geltende Vergünstigungen einschränkte oder gänzlich abschaffte. Am 15. Januar 2003 veröffentlichte das Deutsche Institut für Wirtschaftsforschung Berlin eine Stellungnahme zu diesem Entwurf. Darin erörtern die Gutachter ausführlich den Sinn und Unsinn der geplanten Maßnahmen und verweisen auf die möglichen Folgen. Denn viele der Steuervergünstigungen, auf die Eichel es abgesehen hatte, hatten ursprünglich einen Zweck. So führen die Gutachter aus, dass beispielsweise die Investitionsbereitschaft im privaten Mietwohnungsbau sinken werde, wenn es die entsprechenden Abschreibungsmöglichkeiten nicht mehr gebe. »Die konjunkturellen und strukturellen Wirkungen erscheinen als sehr bedenklich und wurden womöglich bei der Konzeption des Gesetzentwurfs nicht richtig erkannt«, heißt es in dem Gutachten vorsichtig. In dem insgesamt sechzehnseitigen Schreiben werden exemplarisch einzelne Maßnahmen beleuchtet, woraus sich insgesamt der Eindruck ergibt: Das Steuervergünstigungsabbaugesetz verfolgt keine klar erkennbaren politischen Ziele, wie zum Beispiel eine Neuformulierung des Konzepts der Eigenheimzulage. Stattdessen, so die Auffassung des Bundes der Steuerzahler, enthält es drastische Steuererhöhungen unter dem Deckmantel des Abbaus von Steuervergünstigungen. Am Ende war eine steuerliche Mehrbelastung von 21 Milliarden Euro zu befürchten.

Besondere Ereignisse verlangen besondere Reaktionen. Der Protest gegen Eichels Entwurf begann mit einer Protestpostkartenaktion. Alle Mitglieder des Bundes der Steuerzahler waren aufgefordert, den Abgeordneten ihres Wahlkreises ihren Unmut über die geplanten Steuerbelastungen kundzutun. Das schien zu wenig, und so wurde in Berlin ein

15 mal 15 Meter großes Plakat enthüllt, mit dem an eine Aussage von Bundeskanzler Gerhard Schröder erinnert wurde: »Steuererhöhungen sind in der jetzigen konjunkturellen Situation ökonomisch unsinnig.« – »Wo er recht hat, hat er recht«, war mein Kommentar. Deshalb versteckte man die Erhöhung in einem Gesetz, das das Wort »Abbau« enthielt. Was für ein fauler psychologischer Trick! Seinen Höhepunkt erreichte der Protest des Bundes der Steuerzahler mit der Steuerprotestlinie, einem auffällig gestalteten Bus, der mehrere Wochen durch Berlin fuhr. Wer wollte, konnte am Gendarmenmarkt einsteigen und wurde dann an den Orten vorbeigeführt, an denen die Verursacher der Steuererhöhungen ihren Dienstsitz hatten – am Reichstag, am Bundeskanzleramt, am Bundesfinanzministerium und am Bundesrat.

5 STAATSVERSCHULDUNG UND VERSCHWENDUNG

DIE SCHULDEN VON HEUTE
SIND DIE STEUERN VON MORGEN

Es gab in der jüngsten Vergangenheit kaum eine Politiker-rede, in der nicht auf die Folgen der immer stärker anwach-senden Staatsverschuldung hingewiesen wurde. »Die Schul-den von heute sind die Steuern von morgen«, lautet der Kernsatz der damit verbundenen Debatte. Insbesondere Hans Eichel, von 1999 bis 2005 Bundesfinanzminister, hatte sich diesen Satz zu eigen gemacht, denn es war sein Ziel, bis Ende 2006 einen ausgeglichenen Bundeshaushalt vorzule-gen. Als ausgeglichen gilt ein Haushalt, der ohne die Auf-nahme neuer Schulden auskommt. Die Erkenntnis, dass die permanente Anhäufung von Schulden nicht folgenlos blei-ben kann, war jedoch nicht neu. Im Grunde pfeifen es die Spatzen bei jeder Kreditaufnahme von den Dächern: Kredi-te müssen nicht nur irgendwann zurückgezahlt werden, sondern sie kosten zusätzliches Geld – es fallen dafür Zin-sen an. Und jeder, der einmal einen Kredit aufgenommen hat, weiß, wie sehr diese Zinsen schmerzen können, mit denen man Geld finanziert, das man nicht hat. Zinsverpflichtungen müssen als Ausgaben in die Haushalte eingestellt und aus den laufenden Einnahmen bezahlt werden. Nun bestehen die Einnahmen im Fall der öffentlichen Haushalte zum größten Teil aus Steuereinnahmen. Der Staat erwirtschaftet sein Geld nicht selbst, sondern erhält es von seinen Bürgern und der Wirtschaft. Steigen die Zinsausgaben aber wegen der ständig anwachsenden Staatsverschuldung, müssen immer mehr (Steuer-)Einnahmen für diese Ausgaben aufgebracht werden. Zum einen hat dies zur Folge, dass diese Einnahmen dann an anderer Stelle zur Finanzierung wichtiger Staatsausgaben fehlen. Vor allem aber bedeuten wachsende Zinslasten in letzter Konsequenz, dass jeder steuerzahlende Bürger einen zunehmend größeren Teil seiner Steuern zur Finanzierung der öffentlichen Haushalte, insbesondere zur Finanzierung der Zinsen, abgeben muss.

Hans Eichel sagte am 15.9.1999 vor dem Deutschen Bundestag (Plenarprotokoll der 54. Sitzung der 14. Wahlperiode), dass 1,5 Billionen Mark Schulden unmittelbare Konsequenzen hätten, dass nämlich 82 Milliarden D-Mark an Zinszahlungen der zweitgrößte Ausgabeposten im Bundeshaushaushalt (2000) darstellten. Das heiße, Bewegungsfreiheit sei praktisch nicht mehr vorhanden.

Der Ökonom David Ricardo warnte bereits 1820: »Staatsverschuldung ist eine der schrecklichsten Geißeln, die je zur Plage einer Nation erfunden worden ist.«[14] Schon in den finanzwissenschaftlichen Vorlesungen an der Universität zu Köln hatte ich Ricardos Mahnung gehört. Allerdings gebe ich zu, dass uns Studenten das nicht besonders beeindruckt hat. Denn Mitte der 1960er-Jahre beherrschte die besonders von J. M. Keynes vertretene Theorie des »deficit spending« die konjunkturpolitische Diskussion. Keynes' Auffassung zufolge sollte der Staat Schulden aufnehmen und mit diesem Geld Investitionen finanzieren, um so die Konjunktur anzukurbeln und den Arbeitsmarkt zu beleben. Gelingt die Belebung der Konjunktur, so die Hoffnung der Keynesianer, so können die dabei erzielten Gewinne dazu verwendet werden, die Schulden zu begleichen. Keynes' wirtschaftspolitische Position wird auch heute noch von vielen als Weg aus der Krise vertreten. Sie fordern, die Konsolidierung der Haushalte mit der Förderung von Wachstum zu verbinden. Sparen und zugleich Geld ausgeben – eine Strategie, die alles Vertrauen in das wirtschaftliche Wachstum setzt. Als ich später jedoch erkannte, dass Bund, Länder und Gemeinden lediglich Schulden aufnahmen, um Haushaltslöcher zu stopfen, da ihnen die Ausgaben über den Kopf wuchsen, wurde die Bekämpfung der zunehmenden Staatsverschuldung und deren Folgen für mich zu einem der wichtigsten Themen meiner Arbeit. Es scheint mir absolut notwendig, nicht nur ständig auf die Gefahren einer wachsenden Staatsverschuldung hinzuweisen, sondern auch dagegen vorzugehen.

STEUERZAHLERKONGRESS 1995

Mitte 1995, in Wiesbaden war gerade die Schuldenuhr des Bundes der Steuerzahler in Betrieb genommen worden, planten wir in der Geschäftsstelle des Präsidiums den Steuerzahlerkongress 1995. Es stand fest, dass wir uns mit dem Thema Staatsverschuldung befassen wollten. Wir brauchten ein Motto, das nicht nur Interesse für den Kongress erwecken, sondern auch von hohem Aussagewert sein sollte. Nach intensiven Diskussionen fand sich das Motto: »Die Schulden von heute sind die Steuern von morgen.«

Der Kongress fand am 25.9.1995 in Berlin statt. In meinem Vortrag zum Thema betonte ich: »Dass der Zusammenhang zwischen Schulden und Steuern nur zu wahr ist, zeigt der Blick zurück. Bezieht man die Kausalkette auf die Vergangenheit, lautet sie folgerichtig: ›Die Schulden von gestern sind die Steuern von heute.‹ Und das dürfte jedem von uns aus eigener Erfahrung klar sein angesichts der 14 Steuererhöhungen in den letzten fünf Jahren.« Weiter führte ich aus: »Es stellt sich die grundsätzliche Frage, ob nicht jeder Generation das Recht zugestanden werden sollte, sowohl über die Finanzierung ihrer Ausgaben als auch über die Ausgaben selbst zu entscheiden.« Und ich ging noch weiter, indem ich eine Änderung des Grundgesetzes aufs Tapet brachte: »Der Bund der Steuerzahler fordert daher, den Artikel 115 des Grundgesetzes so zu fassen, dass die Aufnahme von Schulden nur noch dann zulässig sein soll, wenn das vorhandene Produktionspotenzial unzureichend ausgelastet ist oder echter und unvorhersehbarer Finanzbedarf in Folge einer absoluten Notlage besteht«. Mit der »unzureichenden Auslastung des vorhandenen Produktionspotenzials« waren, vereinfacht gesagt, konjunkturelle Schwächephasen gemeint. Nur in solchen Zeiten sollte es ausnahmsweise möglich sein, die damit verbundenen finanziellen Einbrüche durch die Aufnahme neuer Schulden auszugleichen.

Aus meiner heutigen Sicht war dies die Geburtsstunde des Schuldenstopps für die Bundesländer und der Schuldenbremse für den Bund. Denn gleichzeitig schlug ich vor, »dass die strukturelle Neuverschuldung per Grundgesetz untersagt wird«. Wenn die Ausgaben im Haushalt in konjunkturell normalen Zeiten nicht durch die Einnahmen gedeckt werden könnten, sollten keine neuen Schulden aufgenommen werden. Im Klartext bedeutete dies: Wenn die Ausgaben höher sind als die Einnahmen, muss gekürzt werden. Es ist erstaunlich, wie wenig Bewusstsein wir davon haben, dass dieses wirtschaftliche Grundprinzip in den öffentlichen Haushalten so selten zur Anwendung kommt.

Doch die, man muss schon sagen, idealistische Vorstellung, die der Bund der Steuerzahler vertrat, reichte noch weiter: Ich schlug vor, dass in wirtschaftlichen Aufschwungzeiten »ein Polster für harte Zeiten« angelegt werden sollte. Im Fachjargon wird es als »Konjunkturausgleichsrücklage« bezeichnet – wenigstens die Theorie kennt die in der Praxis anscheinend so unrealistischen Szenarien einer soliden Finanzpolitik! Das Polster sollte, so die Wunschvorstellung, aus Steuermehreinnahmen finanziert werden, die infolge eines Konjunkturaufschwungs entstehen.

Auf dem Steuerzahlerkongress von 1995 wurde auch eine unüberhörbare Botschaft formuliert: »Stoppt den Staat, er wird zu teuer.« Ein weiteres Problem tauchte bereits am Horizont auf: Bald sollten auf den Staat Versorgungslasten in ungeahnter Höhe zukommen – schon damals war klar, dass die Renten nicht wie bisher weiter ansteigen können. Angesichts dieser Aussichten, so mein Appell, können wir es uns nicht leisten, Subventionen, Finanzhilfen und Zuwendungen in unveränderter Zahl und Höhe zu finanzieren.

DER RAFFENDE STAAT

All die mahnenden Rufe, sie verklangen zunächst ohne Folgen. Die Staatsverschuldung kletterte weiter nach oben. 1970 stand der Schuldenberg bei 64,4 Milliarden Euro, Ende 2012 wird er voraussichtlich auf über 2040 Milliarden Euro angewachsen sein. Das ist in gut 40 Jahren ein Wachstum fast um das 32-fache.

Heute, nach jahrzehntelangem Wohlstand, wird ganz Europa von einer Staatsschuldenkrise erschüttert, die uns die Grenzen unserer Finanzpolitik auf drastische Weise vor Augen hält. Ganz gleich, welche Farben die Regierungen der letzten Jahrzehnte trugen – das Staatsschiff segelte immer auf Pump. Nun, da es gewaltig ins Schlingern geraten ist, dämmert langsam auch dem letzten Matrosen, dass eine Konsolidierung der Finanzen der einzige Rettung versprechende Anker ist. Zu einem Haushalt, der ohne neue Schulden auskommt, gibt es aus meiner Sicht keine Alternative. Doch was tut die Politik, die seit Jahren eine nachhaltige Sanierung der öffentlichen Finanzen verspricht?

Prinzipiell sind zwei Lösungen des Schuldenproblems denkbar: Es können entweder die Steuereinnahmen erhöht oder die Ausgaben reduziert werden. In der Praxis hat sich jedoch gezeigt, dass die Erhöhung der Steuereinnahmen die

Politik nahezu gesetzmäßig zu größeren Ausgaben verleitet. Das führt zu einem fatalen Doppelfehler: Erst werden die Schulden durch eine Steuererhöhung allein dem Bürger aufgebürdet. Dann wird der gewünschte Effekt, eine Verringerung der Schuldenlast, auch noch zunichtegemacht. Denn jede Steuermehreinnahme der vergangenen Jahrzehnte wurde durch ein noch größeres Ausgabenwachstum wieder aufgezehrt.[15] Nicht nur in Deutschland, sondern auch in den meisten anderen Demokratien zog bisher jede Steuermehreinnahme früher oder später erhöhte Ausgaben nach sich. Eine nachhaltige Haushaltskonsolidierung gelang in diesen Staaten immer nur dann, wenn die Ausgaben deutlich gesenkt wurden. Blicken wir nur auf die letzten zehn Jahre zurück: Trotz erheblicher Steuermehreinnahmen und durch zusätzliche, Steuermehreinnahmen generierende Maßnahmen gelingt es bisher nicht, ohne neue Schulden auszukommen. In den Jahren 2002 bis 2006 sollten z.B. Mehreinnahmen erzielt werden durch folgende Maßnahmen:

2002
- die Einführung einer Bauabzugsteuer
  (218 Millionen Euro)
- die Anhebung der Versicherungssteuer auf
  16 Prozent (525 Millionen Euro)
- die Erhöhung der Tabaksteuer
  (1000 Millionen Euro)

2003

– eine weitere Anhebung der Steuersätze auf Kraftstoffe und Strom, die sogenannte Ökosteuer
(1020 Millionen Euro)

2004

– die Erhöhung der Biersteuer (10 Millionen Euro)
– die Senkung des Sparerfreibetrages
(190 Millionen Euro)

2005

– die Neuregelung der Besteuerung der Leibrenten
(1500 Millionen Euro)

2006

– die Abschaffung des Sonderausgabenabzugs für
private Steuerberatungskosten (600 Millionen Euro)
– die Abschaffung des Freibetrages für Abfindungen
(400 Millionen Euro)

Wie kann es sein, dass unsere Schuldenlast beständig steigt,
obwohl es in nur vier Jahren Milliarden an zusätzlichen Einnahmen gab? Die Konsequenz dieser Beobachtung liegt auf
der Hand. Genauso wie der Missbrauch der Staatsverschuldung in Zukunft durch eine verfassungsrechtliche Schuldenbremse verhindert wird, muss der übermäßige Zugriff
der Politik auf das Einkommen der Bürger durch eine Abga-
benbremse unterbunden werden. Offenbar ist die Politik
nur dann zur erforderlichen Ausgabendisziplin zu bewegen,
wenn sie gesetzlich an die Kandare genommen wird. Und

selbst hier haben die Erfahrungen unter anderem mit den Kriterien des Maastricht-Vertrags gezeigt, dass die Politik sich auch von Verträgen nicht immer beeindrucken lässt. Bisher jedenfalls haben die Regierenden sich zahlreiche Tricks einfallen lassen, um ständig neue Steuererhöhungen durchzusetzen.

Der Mehrwertsteuerhammer

Was, glauben Sie, wäre ein Kompromiss aus zwei und null? Eins? Sie halten Kompromisse für die Mitte aus zwei extremen Positionen? Weit gefehlt. In der Politik gilt eine andere Mathematik. Im Wahlkampf 2005 hatte die CDU sich für eine Erhöhung der Umsatzsteuer von 2 Prozentpunkten stark gemacht, während die SPD gegen eine solche Maßnahme eingetreten war. Nach der Wahl einigte die große Koalition sich auf einen Kompromiss aus zwei und null. Das Ergebnis: drei Prozentpunkte. Womit eine neue Formel geboren war. $2 + 0 = 3$, witzelten damals viele in Berlin.

Hinter dem Spott der Kommentatoren verbirgt sich die größte Steuererhöhung in der Geschichte der Bundesrepublik Deutschland. Die schon 2006 beschlossene Anhebung der Umsatz- oder Mehrwertsteuer von 16 auf 19 Prozent trat 2007 in Kraft. Damit sollten 23 Milliarden Euro an zusätzlichen Einnahmen erzielt werden. Gleichzeitig wurde die Versicherungssteuer abermals angehoben, jetzt von ebenfalls 16 auf 19 Prozent, wovon sich die Politik Mehreinnahmen von 1,5 Milliarden Euro erhoffte. In Wahrheit bedeuteten die relativ bescheiden klingenden drei Prozentpunkte eine tatsächliche Erhöhung der bisherigen Mehrwertsteuer um 18,7 Prozent. Allein am Beispiel dieser einen steuerpolitischen Maßnahme lässt sich der Satz, dass die Schulden von heute die Steuern von morgen sind, veranschaulichen. Im Grunde waren es sogar die Schulden von gestern, die die Mehrwertsteuererhöhung auslösten: Die Zinsbelastung im Bundeshaushalt hatte wegen der in den Jahren zuvor aufgenommenen Schulden so stark zugenommen, dass neue Schulden aufgenommen werden mussten, um die Zinsverpflichtungen erfüllen zu können.

Damals beschrieb ich die Situation in meinen Vorträgen mit dem Vergleich von Herrn Krösus, der zu seiner Bank geht, um einen neuen Kredit zu beantragen. Auf die Frage des Bankdirektors, wofür er denn den neuen Kredit benötige, antwortet Herr Krösus: »Ich brauche das Geld, um die Zinsen meines noch laufenden Kredits bezahlen zu können.« Daraufhin bittet ihn der Bankdirektor höflich hinaus und empfiehlt ihm, zum Amtsgericht zu gehen und Konkurs anzumelden.

Anders handelt der Staat. Wenn er mit den laufenden Einnahmen nicht mehr auskommt und zudem neue Schulden nur in begrenzter Höhe aufnehmen will, um etwa die Zinsbelastung nicht noch weiter ansteigen zu lassen, dann hält er sich am Steuerzahler schadlos und will durch Steuererhöhungen für Mehreinnahmen sorgen.

Erstaunlich war für mich, dass die Erhöhung der Mehrwertsteuer relativ widerstandslos hingenommen wurde. Weder in der Bevölkerung noch im Bundesrat, dessen Zustimmung erforderlich war, meldeten sich ernstzunehmende Gegner zu Wort. Dass der Bundesrat diesem Coup der

Regierung zustimmte, lässt sich allerdings leicht erklären: Die Bundesländer profitieren vom Aufkommen aus der Umsatz- oder Mehrwertsteuer in erheblichem Umfang, ebenso die Gemeinden, wenn auch mit einem relativ geringen Anteil. Vor allem aber war es Bundesfinanzminister Peer Steinbrück gelungen, das Gespenst der Verschuldung und ihrer Folgen so dramatisch an die Wand zu malen, dass auch die Bevölkerung glaubte: Ein anderer Weg als der der Steuererhöhung war nicht möglich. Wenigstens die Neuverschuldung sollte reduziert werden, damit der Staat nicht noch tiefer in die Krise gerät – und nach dem Willen der Bundesregierung und ihres Finanzministers brauchte es dazu Mehreinnahmen aus der Steuererhöhung. Darin besteht das Spardiktat, das demokratisch gewählte Regierungen ihren Bürgern aufzwingen: Anstatt die Ausgaben der öffentlichen Mittel zu senken, nötigen sie den Steuerzahler zur Sparsamkeit, indem sie ihm immer mehr Geld abnehmen. Doch als sei dieses Vorgehen nicht schon dreist genug, bestätigten sich bald Befürchtungen, dass das Mehraufkommen aus der Steuererhöhung gar nicht vollständig zur Reduzierung der Neuverschuldung eingesetzt werden würde. Ein Schelm, wer den Politikern dauernd Böses unterstellt? Nun ja, das viele zusätzliche Geld verführte am Ende doch wieder zu neuen Ausgaben. Nur etwa die Hälfte der zirka 23 Milliarden Euro Mehreinnahmen wurde schließlich für den Abbau der Neuverschuldung verwendet.

Steuererhöhungen – unabwendbar?

Es hat mich immer wieder empört und zugleich erstaunt, wie es der Politik gelingt, die Einführung neuer Steuern oder Steuererhöhungen durchzusetzen, ohne dass ein Aufschrei durch die Bevölkerung geht. Vielleicht kennen die Finanzminister und Stadtkämmerer die Philosophie, die der französische Staatsmann Jean-Baptiste Colbert verinnerlicht hatte, um dem Sonnenkönig Ludwig XIV. die Finanzierung seines grenzenlosen Geldbedarfs zu ermöglichen: »Steuern erheben heißt, die Gans so zu rupfen, dass man möglichst viele Federn mit möglichst wenig Gezische bekommt.« Ich möchte zeigen, mit welchen Schritten Colberts Philosophie meist in die Praxis umgesetzt wird.

Der Kämmerer einer Stadt stellt bei Beginn der Aufstellung des Stadthaushalts für das kommende Jahr fest, dass er mit den Einnahmen nicht mehr auskommt und ihm die Ausgaben davonlaufen. Eilfertig deutet er auf den Schwarzen Peter: Neue gesetzgeberische Maßnahmen vor allem des Bundes, so argumentiert er, bürdeten der Stadt neue Lasten auf, ohne dafür einen entsprechenden finanziellen Ausgleich zu leisten. Nachdem der Schuldige ausgemacht ist, fällt es leicht, die Situation in einem zweiten Schritt als schicksalhaft und aussichtslos darzustellen. An der Aufnahme neuer Schulden führe kein Weg vorbei, führt der Kämmerer weiter aus, denn alle Einsparmöglichkeiten seien erschöpft. Es sei denn, Schwimmbäder würden geschlossen, Zuwendungen an soziale Einrichtungen ebenso wie an Vereine gekürzt, Straßen nicht mehr repariert usw. Der Kämmerer malt das Menetekel eines Haushaltslochs an die Wand, in das alle,

Stadträte, Bürger und Wirtschaft entsetzt hineinstarren. Natürlich wird dieses Loch von Tag zu Tag größer. Nun ist der Boden vorbereitet für den entscheidenden Schritt: Es folgt die erste Ankündigung, Erhöhungen der Gewerbe- und Grundsteuer sowie einiger Gebühren würden der Stadt aus dem Dilemma helfen. Eine spontane Empörungswelle verebbt schnell, denn das Haushaltsloch droht sich noch mehr auszuweiten, da die Konjunktur lahmt und die Einnahmen aus der Gewerbesteuer wegzubrechen drohen. Niemand sieht genau hin und bemerkt, dass die Gewerbesteuereinnahmen auch nach dem befürchteten Einbruch so hoch bleiben wie nie zuvor. Alle Verantwortlichen und Betroffenen starren stattdessen weiter in das rasant wachsende Haushaltsloch. Ratlosigkeit macht sich breit. Doch da fällt dem schlauen Kämmerer wieder eine neue, letzte Rettung ein: Steuererhöhungen sind das Heilmittel, auf dessen Wirkung jetzt alle setzen. So werden diese schließlich beschlossen, und die Gans hat nur ansatzweise gezischt.

Mit Steuern steuern

Eine bewährte Strategie, den Bürger ohne große Gegenwehr finanziell zu rupfen, kommt vor allem auf Bundesebene hin und wieder zum Einsatz. Dazu bedarf es zunächst einer guten Idee – einer Steueridee. Ziel ist es, durch die Erhebung einer neuen Steuer das Verhalten der Steuerzahler in eine bestimmte Richtung zu lenken. Mit Steuern also zu steuern und damit eine wünschenswerte Wirkung zu erzielen. Teilt die Bevölkerung die Idee, akzeptiert sie auch die Steuer.

Musterbeispiel für eine solche Steueridee ist die sogenannte Ökosteuer. In Wahrheit handelte es sich um einen wenig aufsehenerregenden Vorgang: Es ging schlicht um eine Erhöhung der Mineralölsteuer in mehreren Schritten. Doch war zu befürchten, dass dies angesichts einer in Deutschland starken Fraktion von Autofahrern und -lobbyisten auf einigen Widerstand stoßen würde. Deshalb dachte die Politik sich eine Marketingstrategie aus, indem sie der Steuererhöhung das Etikett »Umweltschutz« aufklebte, sie also mit ökologischen Zielen begründete. Der Verbrauch knapper werdender Energieressourcen sollte reduziert, die Umwelt geschont werden. Ein hehres Ziel! Zudem wurde die neue Steuererhöhung auch noch an die Sicherung der Renten gekoppelt. Damit hatte man zwei Besteuerungsziele, die versprachen, in der Bevölkerung auf Zustimmung zu stoßen. Mit dem »Gesetz zur Fortentwicklung der ökologischen Steuerreform« aus dem Jahr 2002 wollte man also zwei Fliegen mit einer Klappe schlagen, indem man den Umweltverbrauch verteuerte und den Faktor Arbeit entlastete.[16] Der Sinn einer solchen Verbindung völlig artfremder Zwecke wurde jedoch gehörig bezweifelt, und schon bald geriet das Projekt Ökosteuer unter dem flotten Slogan vom »Rasen für die Rente« in Misskredit. Am Ende stellten manche fest, dass die ökologische Steuerreform weder »öko« noch »logisch« sei.

Ähnlich klaglos wurden in der Regel Erhöhungen der Tabaksteuer hingenommen, mit Ausnahme vielleicht der Tabakindustrie, die jedoch angesichts einer immer dominanter werdenden Gesundheitsdoktrin keine guten Karten hatte. Manche halten die Zigarette für eine »zusammenge-

drehte Finanzamtsquittung«, da der Steueranteil (Tabaksteuer + Mehrwertsteuer) bei einer Schachtel Zigaretten
zum Preis von 5,00 Euro 72,97 Prozent bzw. 3,65 Euro be-
trägt. Nachdem die Politik verkündete, die Mehreinnahmen
zur Finanzierung der stark gestiegenen Kosten im Gesund-
heitswesen verwenden zu wollen, gab es auch bei der letzten
Anhebung der Tabaksteuer kaum Proteste. Im Anschluss an
das »Rasen für die Rente« konnte sich der deutsche Steuerzahler nun auch das »Rauchen für die Gesundheit« auf die
Fahnen schreiben. Mit einem gewissen Galgenhumor schlu-
gen Verzweifelte vor, man könne doch ebenso gut die
Branntweinsteuer zur Finanzierung der Bundeswehr erhöhen. Warum nicht auch noch »Saufen für die Truppe«?

Das Steuervergünstigungsabbaugesetz

Es mag ein Gerücht sein, das ich nicht belegen kann. Über
Bundesfinanzminister Hans Eichel wurde kolportiert, er sol-
le gesagt haben: »Ich bin geldgierig. Als Finanzminister muss
man geldgierig sein.« Doch das allein genügt nicht. Denn
Politik bedeutet immer auch, das Regierungshandeln den
Bürgern so zu verkaufen, dass sie sich damit einverstanden
erklären, wozu sie immerhin alle vier Jahre Gelegenheit haben. Deshalb dachte Finanzminister Eichel sich für ein Paket
von gigantischen Steuererhöhungen eine Verpackung aus,
die seinen Inhalt soweit als möglich verhüllen sollte. Ich
habe darüber bereits im Zusammenhang mit der Steuerprotestlinie berichtet, denn trotz aller Vertuschungsmanöver
stieß Eichels Trick damals in der breiten Öffentlichkeit auf

erheblichen Widerstand. Es geht um das Steuervergünstigungsabbaugesetz (StVerAbG), das von den Fraktionen SPD
und Bündnis 90/Die Grünen am 2.12.2002[17] als Entwurf
vorgelegt wurde. Schon die Formulierungen im Gesetzentwurf ließen aufhorchen. Dort hieß es:

a) Problem und Ziel

»Das derzeitige Steuersystem enthält immer noch viele ökonomisch, ökologisch und unter Gerechtigkeitsgesichts-
punkten fragwürdige Steuervergünstigungen und Ausnahmetatbestände. Es ist dringend erforderlich, dass sich
künftig alle gesellschaftlichen Gruppen im angemessenen
Umfang an der Finanzierung öffentlicher Leistungen beteiligen.

Das Ziel einer nachhaltigen Haushaltskonsolidierung ist
nur mit einem umfassenden und durchgreifenden Abbau
von Subventionen und einer entsprechenden Verbreiterung
der Einnahmebasis erreichbar.«

b) Lösung

»Durch einen weitreichenden, breit angelegten und sozial
ausgewogenen Abbau von Steuervergünstigungen und Aus-
nahmeregelungen werden Steuergerechtigkeit und Steuer-
transparenz erhöht und den öffentlichen Haushalten die
notwendigen Einnahmen zur Finanzierung ihrer Aufgaben
verschafft.«

c) Alternativen

»Keine.«

In dem 58-seitigen Gesetzentwurf wurden die angeblich dringend notwendigen Einnahmen unter »Finanzielle Auswirkungen« in Zahlen ausgedrückt: Die Steuermehreinnahmen sollten zwischen 2003 und 2006 von 3,6 Milliarden Euro auf 16,8 Milliarden Euro ansteigen – das ist innerhalb von vier Jahren ein Zuwachs über mehr als das Vierfache! Auf Seite 2 des Entwurfs heißt es lapidar: »Sonstige Kosten: Nicht bezifferbar«. Damit sind Folge- und Nebenkosten des Gesetzentwurfs gemeint, z.B. Kosten für die Finanzverwaltung, Kosten, die den Unternehmen oder Privathaushalten durch erhöhten Steuerberatungsaufwand entstehen, oder für die Verwaltung allgemein, z.B. Schaffung einer neuen Behörde wie bei den Minijobs die Minijobzentrale.

Dieser Gesetzentwurf im Schafspelz der unnachahmlichen Bezeichnung »Steuervergünstigungsabbaugesetz« entpuppte sich bei genauer Betrachtung als ein besonders hungriger Wolf auf der Suche nach Steuermehreinnahmen. Unter dem Deckmantel des Abbaus von Steuervergünstigungen und der Steuervereinfachung sollte die Steuerschraube kräftig angezogen werden. Bestandteile des Gesetzes waren unter anderem Einschränkungen der Gebäudeabschreibung, eine Erhöhung des Pauschalwertes für die Privatnutzung von Firmenwagen, eine Erhöhung des Mietwerts bei Vermietungen an nahe Angehörige oder die Einführung einer Spekulationssteuer bei privaten Veräußerungsgewinnen. Berechnungen zufolge, die der Bund der

Steuerzahler in einer Stellungnahme am 8. Januar 2003 veröffentlichte, ergab sich zusammen mit den 2002 bereits beschlossenen Steuer- und Abgabenerhöhungen für 2003 eine zusätzliche Mehrbelastung von 21 Milliarden Euro.

Die Protestaktionen des Bundes der Steuerzahler und anderer Institutionen zeigten Wirkung. Nach langen, auch in der breiten Öffentlichkeit und den Medien geführten Diskussionen stimmten Bundestag und Bundesrat schließlich am 11. April 2003 einem Kompromiss zum StVerAbG zu. Erfreulicherweise waren zuvor die ursprünglich geplanten massiven Steuererhöhungen weitestgehend aus dem Gesetz gestrichen worden.

Die fiskalische Gängelung

Es ist mir ein Anliegen, die zahlreichen Maßnahmen offenzulegen, mit denen Politiker die Staatseinnahmen zu vermehren suchen. Eine weitere Kriegslist unserer steuerpolitischen Feldherren, die ich hier nicht außer Acht lassen will, besteht in der Einführung steuerlicher Überwachungs-, Mitwirkungs- und Haftungsvorschriften. Denn obwohl Entlastungen versprochen werden, steigt in Wahrheit die Steuer- und Abgabenbelastung und wird zudem mit bürokratischen Verschärfungen gekoppelt. Bürokratische Verschärfungen aber führen zu neuen finanziellen Belastungen, und sei es nur, weil der Steuerzahler zusätzlich Zeit oder Personal aufwenden muss, um seine immer unverständlicher werdende Steuererklärung bewältigen zu können.

Gegen diese Form steuerrechtlicher Schachzüge veröffentlichte der Bund der Steuerzahler 2007 eine »Chronik der fiskalischen Gängelung«, die nachwies, dass die in Sonntagsreden immer wieder beschworene Steuervereinfachung ein leeres Versprechen ist. Unter »fiskalischer Gängelung« sind Maßnahmen des Gesetzgebers oder der Finanzverwaltung zu verstehen, die das Steuersystem bürokratisch verschärfen und den zusätzlichen Bürokratieaufwand – zugunsten des Fiskus – ausschließlich dem Steuerzahler aufbürden. In der »Chronik« wurden die wesentlichen Steuergesetze auf Verschärfungen im Steuerrecht hin untersucht und zusammengestellt. Vielleicht erweckt die Bezeichnung »Chronik« zu große Erwartungen an eine gewissermaßen »historische« Aufarbeitung aller bürokratischen Verschärfungen im Steuerrecht. Tatsächlich handelte es sich »nur« um 35 derartige Maßnahmen zwischen 2001 und 2007, die in der Chronik angeführt wurden. Ich will anhand folgender Beispiele verdeutlichen, was unter fiskalischer Gängelung im Einzelnen zu verstehen ist:

- Durch § 25 d Umsatzsteuergesetz wurde ein Haftungstatbestand für Unternehmer eingeführt. Danach haftet der Unternehmer für schuldhaft nicht abgeführte Umsatzsteuer aus der vorangegangenen Liefer- bzw. Leistungskette. Praktisch bedeutet dies, dass ein Unternehmer die Aufgabe des Finanzamts übernimmt, indem er dafür sorgt, dass auch sein Lieferant seine Steuern zahlt. Die öffentliche Hand gewinnt dabei sogar doppelt: Sie überträgt nicht nur die Kontrolle dem Unternehmer, sondern kann den nicht an das

Finanzamt abgeführten Betrag bei einem anderen abkassieren.

– Wer bei einem Finanzgericht seine Rechte einklagen will, muss einen Kostenvorschuss von 220 Euro leisten. Auch wenn die Klage zurückgenommen wird, bleibt es bei der Zahlung des Kostenvorschusses. Erreicht werden sollte damit, dass der eine oder andere davon abgehalten wird, Klage bei einem Finanzgericht zu erheben.

– Auch die Aufhebung der Abzugsfähigkeit privater Steuerberatungskosten als Sonderausgaben wird zur fiskalischen Gängelung gezählt. So sind Steuerberatungskosten nur noch zu berücksichtigen, wenn sie Betriebsausgaben oder Werbungskosten darstellen (Schreiben des Bundesministeriums der Finanzen vom 21.12.2007). Damit wird unserem Steuerrecht eine weitere Drehung ins Absurde verliehen: Auf der einen Seite werden die Regeln immer komplizierter, sodass selbst einfache Steuererklärungen ohne Steuerberater kaum mehr zu bewältigen sind. Auf der anderen Seite dürfen die Kosten für diesen nicht mehr in vollem Umfang abgesetzt werden.

– Wer vom Finanzamt eine verbindliche Auskunft in einer steuerlichen Angelegenheit bekommen möchte, um z.B. sicherzustellen, dass es in Zukunft nicht zu einem Rechtsstreit mit dem Amt kommt, muss eine Gebühr für die Auskunft bezahlen. Auch dies sollte man sich einmal genauer vor Augen halten: Das Finanzamt, das wir ohnehin schon von unseren Steuern finanzieren, sollte sich als Dienstleister am Steuerzahler verstehen. Dazu gehört natürlich die Aufgabe, dafür zu sorgen, dass jeder Bürger seine Steuern zahlt. Dazu sollte jedoch auch gehören, dass der Bürger sich hier informieren kann. Es leuchtet überhaupt nicht ein, warum das Amt für Auskünfte eigens eine Gebühr erhebt!

– Einen besonderen Vorteil verschaffte sich der Gesetzgeber durch eine neue Regelung, wonach erst drei Tage nach Eingang eines Schecks beim Finanzamt die Zahlung der Steuerschuld oder anderer Gebühren angenommen wird.

– Die Abgabe von Umsatzsteuervoranmeldungen und Lohnsteueranmeldungen auf elektronischem Wege wird zwingend vorgeschrieben. Zwar lässt sich diese Regel mit pragmatischen Gründen rechtfertigen, doch sie belastet dabei den Steuerzahler. Denn eine große Zahl von Menschen ist längst noch nicht so vollständig mit dem Computer vertraut, wie es wohl erst die »digital Natives« sein werden. Wer bisher seine Voranmeldung auf Papier einreichte, muss sich nun mit der Software des Finanzamts vertraut machen. Ganz zu schweigen von den vielen Angehörigen der Apple-Familie, die keinen Zugang zu der kostenlosen Software für elektronische Steuererklärungen haben. »Senioren« (oder soll ich sagen: viele über 40?) und Apple-Nutzer müssen also wiederum zusätzlich Zeit und Geld investieren, um ihren Pflichten gegenüber dem Finanzamt nachkommen zu können.

Es wurde bei der Vorstellung der »Chronik der fiskalischen Gängelung« nicht verschwiegen, dass die jeweiligen Urheber für jede einzelne Verschärfungsregelung gute Gründe angeben können. Allerdings fiel auf, dass fast alle Maßnahmen auf dem Rücken der Steuerzahler ausgetragen wurden. Von Steuervereinfachung oder gar Entbürokratisierung konnte bei diesen Gesetzen schlicht keine Rede sein.

Ausgaben kürzen

Im Jahr 2009 gelang es der Föderalismuskommission II unter der Leitung von Günther Oettinger und Peter Struck, ein Neuverschuldungsverbot für die Länder ab 2020 und eine starke Begrenzung der Kreditaufnahme für den Bund ab 2016 durchzusetzen. In meinen Augen war dieser Erfolg mit der Einsicht verbunden, dass die Staatsverschuldung auf Dauer in der Tat eine der schrecklichsten Geißeln ist, die je zur Plage einer Nation erfunden wurde. Die europäische Finanzkrise, die im Grunde eine Staatsschuldenkrise ist, macht das überdeutlich.

Zumindest für den Bund scheint die Schuldenbremse ihre Wirkung zu entfalten. So soll die Neuverschuldung oder Nettokreditaufnahme nach den Eckwerten des Regierungsentwurfs zum Bundeshaushalt 2013 sowie des Finanzplans 2012 bis 2016 (Quelle: Bundesfinanzministerium) von 34,8 Milliarden Euro in 2012 auf nur 1,1 Milliarden Euro in 2016 sinken. Das wäre immerhin eine Reduzierung um das zirka Dreißigfache. Im gleichen Zeitraum werden jedoch nach der bisherigen Finanzplanung die Zinsausgaben von

34,5 Milliarden Euro (2012) auf über 50 Milliarden Euro (2016 geschätzt) ansteigen. Trotz des beabsichtigten Abbaus der Neuverschuldung schlägt die Geißel der Zinsen also weiter unerbittlich zu. Und sie wird noch härter zuschlagen, wenn es zu einem Super-GAU kommen sollte: zu Zinserhöhungen. Denn schon bei einer Zinserhöhung von nur einem Prozentpunkt würden die Verpflichtungen allein des Bundes im Jahr 2016 über 60 Milliarden Euro betragen.

So sehr ich die Einführung der Schuldenbremse für den Bund und eines Schuldenstopps für die Länder begrüße und beides für richtig halte, so sehr befürchte ich, dass sie nicht ausreichen werden. Die Erklärung des Bundes, vom Jahre 2016 an nur noch Schulden in sehr begrenztem Umfang aufzunehmen, bleibt eine bloße Absichtserklärung, so lange die Politik sich weigert, Wege zu beschreiten, die auch tatsächlich zum Ziel führen. Denn immer noch verlässt sich der Bund dabei allein auf steigende Steuereinnahmen! Es sei möglich, die Neuverschuldung um zirka 30 Milliarden Euro zu reduzieren, heißt es, weil man für die Jahre von 2012 bis 2016 mit einem Zuwachs an Steuereinnahmen von fast 37 Milliarden Euro rechne – sie sollen von 249,7 auf 287,3 Milliarden Euro ansteigen. Doch die Schätzung von in der Zukunft zu erwartenden Steuereinnahmen ist ungefähr so zuverlässig wie die Voraussagen einer Wahrsagerin, die uns aus der Hand liest. Und ein Blick in die Vergangenheit zeigt, dass der Traum von einem Haushalt ohne neue Schulden bisher noch jedem Finanzminister zwischen den Fingern zerrann. Eben genau deshalb, weil er sich allein auf Steuereinnahmen verließ. Das ist ein bisschen so, als würde man hoffen, bald im Lotto zu gewinnen, um die nächste

Miete bezahlen zu können. Nur tun die Finanzminister hinterher immer so, als sei mit dem Ausbleiben des Lottogewinns überhaupt nicht zu rechnen gewesen. Jedes Mal heißt es anschließend: Oh, die Kosten der Wiedervereinigung. Das hatten wir nicht erwartet. Oh, ein Konjunktureinbruch, die Finanzkrise. Immer liegt die Ursache für das Scheitern nicht bei der Politik, sondern in einem unvorhersehbaren Zeitgeschehen. Niemand möchte offen aussprechen, dass es schlicht Unsinn ist, den Haushalt zu konsolidieren, indem man den Steuerzahler mehr und mehr in den fiskalischen Würgegriff nimmt. Jedes Schulkind kennt die Grundgesetze des Wirtschaftskreislaufs: Um Einnahmen zu erzielen (und damit Steuern zu zahlen), muss der Mensch verdienen. Damit er verdient, müssen andere ihr Geld ausgeben. Damit sie ihr Geld ausgeben, müssen sie welches haben. Je mehr der Staat jedoch den Menschen von ihrem Lohn nimmt, desto weniger können sie ausgeben. Je weniger sie ausgeben, desto weniger wird verdient. Und je weniger verdient wird, desto weniger Steuern bekommt der Staat, der sich daraufhin eine Steuererhöhung ausdenkt, mit der er sich noch mehr von dem Wenigen nimmt. Wer mag dies im Ernst für ein vielversprechendes Konzept zur Lösung der Schuldenkrise halten?

Hinzu kommt noch ein Weiteres: Immer dann nämlich, wenn die Steuereinnahmen steigen, wird dies als positives Zeichen einer florierenden Wirtschaft gedeutet. Sofort werden die Prognosen über die zu erwartenden Einnahmen nach oben korrigiert, und schon melden sich Minister in Bund und Ländern sowie Kommunalpolitiker beim Finanzminister und bitten um Geld für zusätzliche Ausgaben.

Eine wirklich vorausschauende Finanzpolitik würde sich nicht auf ein Lotteriespiel unsicheren Ausgangs verlassen, sondern einen echten Abbau der Verschuldung betreiben. Das bedeutet: Ausgaben kürzen. Das könnte im Augenblick schmerzhaft, für die Zukunft aber sehr heilsam sein. Denn durch einen echten Abbau der Verschuldung würden in Zukunft Milliarden an Zinsausgaben eingespart, die dann Spielraum für neue Investitionen schaffen. Wenn wir die vielen Zahlen genauer betrachten, stellt sich die Frage, ob die erforderlichen Ausgabenkürzungen wirklich so dramatische Auswirkungen haben. Ob Deutschland wirklich in Armut versinken würde, wenn man an der einen oder anderen Stelle zu sparen begänne. Was wäre, wenn Frankfurt und Offenbach sich tatsächlich ein Fußballstadion geteilt hätten? Oder wenn Kaiserslautern auf die Ausrichtung von WM-Spielen verzichtet hätte? Was, wenn das Erziehungsgeld nicht in das teurere Elterngeld umgewandelt worden wäre (was leider nicht zum gewünschten Effekt, der Steigerung der Geburtenrate, geführt hat)? Würden die Ausgabenkürzungen unseren Wohlstand wirklich so einschneidend mindern?

Rechnen wir noch einmal zurück.

Im Jahr 2010 bezifferte das Statistische Bundesamt die Ausgaben des öffentlichen Gesamthaushalts (ohne Sozialversicherung und EU-Anteile) auf 606,8 Milliarden Euro. Ich habe bereits ausführlich begründet, warum ich einen Wert von zirka 5 Prozent der öffentlichen Ausgaben für eine realistische Summe halte, um den Anteil von sinnlosen, überflüssigen Ausgaben zu ermitteln. Von 2012 bis 2016 soll die Neuverschuldung des Bundes um 30 Milliarden sinken. Würde man versuchen, alle Ausgaben allein durch ein sorgsameres Haushalten um etwa fünf Prozent zu senken, so hätte man 2010 insgesamt etwa 34 Milliarden einsparen können – das ist etwas mehr als der Betrag, um den die Neuverschuldung des Bundes gesenkt werden soll. Warum also ignoriert die Politik die Möglichkeit von Mittelkürzungen so beharrlich?

Ein Grund mag darin liegen, dass die Frage, an welcher Stelle gespart werden soll, auf jeder politischen Ebene von den Kommunen bis hin zum Bund eine unendliche Reihe von Kämpfen und Diskussionen auslösen würde. Denn, das zeigt sich auch an der zum Teil harschen Kritik, die der Bund der Steuerzahler erfährt: In einer großen Zahl der Fälle sind die Ansichten darüber geteilt, was eine sinnvolle Ausgabe ist. Es ist schließlich eine der Kernfragen der Politik: Was ist uns wichtig? Wohlstand, Bildung, Umweltschutz? Und durch welche Ausgaben kann oder muss der Staat für diese Bereiche sorgen? Schafft er nur Rahmenbedingungen, oder mischt er sich stärker ein? Was und wo immer er es tut – es kostet.

Doch auch der mögliche Weg, die Ausgaben aller Ressorts um einen bestimmten Prozentsatz (globale Minderausgabe) zu kürzen, stößt überall auf Widerstand. Da heißt es dann, man könne die Bedeutung des Bildungs- oder des Verteidigungsministeriums nicht mit der des Ministeriums für Entwicklung und Zusammenarbeit vergleichen. Einen Grund, sich vor Ausgabenkürzungen zu drücken, finden die Verantwortlichen immer.

Dass Ausgabenkürzungen nicht völlig utopisch sind, hat Finanzminister Hans Eichel bewiesen. Nachdem er eingestand, nicht mehr in der Lage zu sein, einen verfassungsgemäßen

Haushalt aufzustellen (Plenarprotokoll der 54. Sitzung des Deutschen Bundestages vom 15.9.1999), setzte er mit Rückendeckung von Bundeskanzler Gerhard Schröder für den Bundeshaushalt 2000 durch, die Einzeletats seiner Kabinettskollegen nur zu genehmigen, sofern sie zuvor jeweils ihre geplanten Ausgaben pauschal um 7,4 Prozent gekürzt hatten. Durch eine derartig rigorose Maßnahme wollte Eichel die Ausgaben für das Haushaltsjahr 2000 um insgesamt 30 Milliarden Mark kürzen. Widerstand war zwecklos. Umso schmerzlicher muss es für ihn gewesen sein, dass er 2002 von Schröder während der Koalitionsverhandlungen mit der Bemerkung: »Hans, nun lass mal« abgebürstet worden sein soll. Angeblich passte es dem Basta-Kanzler da schon nicht mehr, dass sein vernünftiger Finanzminister auf weitere Maßnahmen zur Ausgabendämpfung drang.[18] So konnte letztendlich auch Hans Eichel, der sich den Satz: »Die Schulden von heute sind die Steuern von morgen« zu eigen gemacht hatte, seine Politik auf Dauer nicht durchsetzen, die womöglich eine echte Abkehr vom Steuererhöhungswahn bedeutet hätte. Und schließlich durchlief Eichel selbst im Laufe seiner Amtszeit einen vollständigen Sinneswandel: 2003 war er es, der mit dem berüchtigten Steuervergünstigungsabbaugesetz eine der größten Steuererhöhungen plante.

Immerhin: Durch die europäische Schuldenkrise hat sich der Druck seit Eichels Zeiten erheblich erhöht. Sollten sich die Länder der EU auf den geplanten Fiskalpakt verständigen, wird er die Staaten möglicherweise doch noch, in letzter Sekunde, zu einer strengeren Haushaltsdisziplin zwingen. Einer der vielen Punkte des Pakts sieht vor, dass die Mitgliedsstaaten sich verpflichten, dass der gesamtstaatliche

Haushalt einer Vertragspartei ausgeglichen ist oder einen Überschuss aufweist (Artikel 3 des Vertrages über Stabilität, Koordinierung und Steuerung in der Wirtschafts- und Währungsunion, Drucksache 17/9046 des Deutschen Bundestages). Diese Verpflichtung gilt als eingehalten, »wenn der jährliche strukturelle Saldo des Gesamtstaates [...] mit einer Untergrenze von einem strukturellen Defizit von 0,5 des Bruttoinlandsproduktes [...] entspricht«. Und in Artikel 5 Absatz 2 des Vertrages wird festgelegt, dass »die Umsetzung des Haushalts- und Wirtschaftspartnerschaftsprogramms und die mit diesem Programm in Einklang stehenden Haushaltspläne« vom Rat der Europäischen Union und der Europäischen Kommission überwacht werden.

Ob diese Maßnahmen, anders als alle Sparbemühungen zuvor, wirklich zu Ausgabenkürzungen führen werden? Noch ehe der Pakt überhaupt geschlossen werden kann, regt sich der Widerstand sozialistischer Parteien. In Frankreich hat dies im Mai 2012 zu einem Regierungswechsel geführt. Die konservative Partei, deren Chef Nicolas Sarkozy zusammen mit Angela Merkel den Fiskalpakt erdachte, wurde abgewählt. Das bedeutet indessen keineswegs, dass die konservativen Parteien die bessere Haushaltspolitik machen. Wer dies behaupten wollte, wurde in der Vergangenheit jahrzehntelang widerlegt. Nun aber befürchten die Kritiker des Fiskalpakts, die Sparmaßnahmen führten zum Sozialabbau, würden allein auf dem Rücken der unteren Bevölkerungsschichten ausgetragen. Möglicherweise haben sie damit nicht ganz unrecht. Denn natürlich reicht es nicht, Ausgaben zu kürzen. Entscheidend wird immer auch sein, wo man sie kürzt. Und hier setzt die Arbeit des Bundes der

Steuerzahler an, der immer wieder versucht, auf unnötige Ausgaben aufmerksam zu machen. Dabei steht der Bund der Steuerzahler mit seiner Auffassung, manche Ausgaben seien überflüssig, längst nicht allein. Auch Dirk Niebel, FDP, seit 2009 Minister für Entwicklung und Zusammenarbeit, hielt ja sogar, wie schon erwähnt, sein ganzes Ministerium für einen Fall überflüssiger Bürokratie. Erst nachdem er selbst Minister wurde, kam ihm diese Einsicht plötzlich abhanden.

6 DAS VERHÄLTNIS VON STAAT UND STEUERZAHLER

Ludwig XIV., Frankreichs Sonnenkönig, benötigte für seine Politik enorme Summen, und ich habe bereits berichtet, dass sein oberster Finanzbeamter Jean-Baptiste Colbert sich auf die Kunst verstand, die französischen Steuerzahler ohne viel Federlesens zu rupfen. Indessen waren der König und sein Minister ein Glücksfall für den französischen Staat. Denn obwohl der absolutistische Herrscher kaum einer Kontrolle unterlag und er nicht auf die Gunst des wählenden Volkes angewiesen war, nahm Ludwig seine Aufgaben ernst und stürzte sich voller Eifer in die Politik. Zusammen mit Colbert gelang es ihm, die Verwaltung völlig neu zu organisieren, die Bürokratie umzustrukturieren und die Korruption zu bekämpfen. Am Ende hatten sie mit diesen Maßnahmen die Steuereinnahmen verdoppelt, ohne die Steuern zu erhöhen – einfach, indem sie die öffentlichen Aufgaben effizienter organisierten, auch den Adel zur Kasse baten und der Verschwendung Einhalt geboten.

Wir glauben gemeinhin, in demokratischen Staaten sei die Kontrolle über die, denen die Gemeinschaft ihr Geld in Form von Steuern und Abgaben anvertraut, ausreichend gewährleistet. Anders als die Monarchen vergangener Jahrhunderte müssen die Politiker heute gewählt werden. Die Macht verteilt sich auf zahlreiche Organe und ist damit weniger anfällig für die Willkür und den Größenwahn Einzelner. Natürlich ist unsere Gesellschaftsordnung in vielerlei Hinsicht gerechter als die feudalistischen Herrschaftsordnungen früherer Zeiten.

Ich glaube, auch heute könnte es der Politik gelingen, durch eine Reorganisation der Bürokratie, durch den Abbau überflüssiger Verwaltung und durch Korruptionsbekämpfung die Steuerausgaben effektiver zu gestalten. Es ist längst nicht alles zum Besten bestellt. Davor können auch die Uneinsichtigsten angesichts der europäischen Staatsschuldenkrise kaum mehr die Augen verschließen.

Die Missstände, die von den Rechnungshöfen und dem Bund der Steuerzahler aufgedeckt werden, haben indessen Folgen, die sich nicht nur in den Bilanzen öffentlicher Kassen zeigen. Da beide Institutionen nur wenige Mittel haben, um die Verschwender zur Verantwortung zu ziehen, sind sie auf die Waffe des öffentlichen Drucks angewiesen. Dabei geraten sie jedoch in ein Dilemma: Indem sie die Misswirtschaft bei den Ausgaben aufdecken, stärken sie, so wird häufig vermutet, den Steuerwiderstand. Immer wieder wurde mir in meiner Amtszeit vorgeworfen, der Bund der Steuerzahler zeichne ein Zerrbild der Verhältnisse und fördere mit seinen Aktivitäten Politikverdrossenheit. Der Zusammenhang von Ausgabenmoral und Steuermoral ist zwar nicht eindeutig nachzuweisen, aber die »dauernden Hinweise – vor allem der Rechnungshöfe – über die Misswirtschaft im öffentlichen Bereich, mögen für manche den Anreiz zur Steuerhinterziehung fördern«, führt der Volkswirt Rolf Peffekoven in einem Zeitgespräch über »Steuerehrlichkeit und Steuergerechtigkeit« aus.[19]

Doch trifft die Behauptung wirklich zu, der verantwortungslose Umgang mit öffentlichen Geldern wirke sich negativ auf die Bereitschaft der Steuerzahler aus, ihre Abgaben zu leisten? Sinkt also die Steuermoral, wenn die Ausgabenmoral zu wünschen übrig lässt? Sollte dies so sein, so hilft es sicher nicht, den Boten zum Schuldigen zu machen. Das Problem sind nicht jene, die auf die Verschwendung hinweisen, sondern jene, die das Geld zum Fenster hinauswerfen!

Nehmen wir die Frage nach der Steuermoral genauer unter die Lupe. Man versteht darunter, kurz gefasst, die Einstellung der Bürger zu Steuerdelikten und seine Steuerdisziplin, d.h. ob er seine steuerlichen Pflichten befolgt oder nicht.[20] Dass es einen Zusammenhang gibt zwischen der Art und Weise, wie der Staat mit den ihm anvertrauten Geldern umgeht, und der Bereitschaft der Bürger, den Staat zu finanzieren, belegen verschiedene Studien. So zum Beispiel eine Untersuchung der Forschungsstelle für empirische Sozialökonomik e.V. aus dem Jahr 2009 mit dem Titel »Erwartungen der deutschen Bevölkerung an eine Interessenvertretung der Steuerzahler und die Bewertung des Bundes der Steuerzahler«. Sie hat ergeben, dass diejenigen, die dem Staat im Umgang mit Steuergeldern weitgehend vertrauen, ihm freiwillig 25 Prozent ihres Einkommens zur Verfügung stellen. Wer hingegen den Staat für verschwenderisch hält, würde nur 18,2 Prozent seines Einkommens freiwillig an den Staat abgeben. Ich halte es für sehr bemerkenswert, dass dabei die Verschwendung von Steuergeldern im Zentrum der Kritik steht, die wie kein anderes Verhalten von Politik und öffentlichen Verwaltungen den Zorn der Bevölkerung auf sich zieht. 1999 bezeichneten 77 Prozent der Bevölkerung in einer anderen Untersuchung (»Steuermentalität, Steuermoral und Einstellungen zur Steuerreform 1999«) es als schweren Verstoß, wenn der Staat Steuergelder verschwendet.

Wie sehr die öffentliche Verschwendung verurteilt wird, sehe ich auch in folgendem Ergebnis der genannten Untersuchung: Drei Viertel der Bevölkerung sind davon überzeugt, dass die Steuerhinterziehung des kleinen Mannes im Verhältnis zur Verschwendung von Steuergeldern kaum noch ins Gewicht fallen kann. Dabei handelte es sich im überwiegenden Maße um genau dieselben Befragten, die sich aus moralischen Beweggründen gegen die Steuerhinterziehung aussprechen. Dieser scheinbare Widerspruch wird durch die Tatsache aufgelöst, dass das eigene Moral- und Rechtsempfinden durch die wahrgenommenen staatlichen Verfehlungen beeinflusst wird. Spätestens hieraus kann man mit einiger Berechtigung folgern, dass die beobachtete Verschwendung von Steuergeldern tatsächlich einen Verfall der Steuermoral bewirkt.

Ich hatte hin und wieder Gelegenheit, die Ergebnisse verschiedener Umfragen darüber, wie sich das Finanzgebaren der Politik auf die Steuermoral auswirkt, in Talkshows zu präsentieren. Ich trat also als Mahner auf und machte dabei drei Bedingungen aus, die Voraussetzung für eine positive Haltung des Bürgers zur Abgabe von Steuern wären: Erstens müsste der Steuerzahler die Gewissheit haben, dass es bei der Besteuerung gerecht und maßvoll zugeht. Zweitens müsste dem Bürger der Sinn von Steuern wenigstens in Ansätzen vermittelbar werden. Und drittens müsste er darauf vertrauen können, dass die politisch Handelnden im Parlament und den staatlichen Organen in Bund, Ländern und Gemeinden sparsam und wirtschaftlich mit den Steuern umgehen. Alle drei Bedingungen, so musste ich leider stets betonen, seien in Deutschland nicht erfüllt.

So kam die bereits erwähnte Studie aus dem Jahr 1999 zu dem Ergebnis, dass sich die grundsätzliche Einstellung zum Steuersystem verschlechtert hat. Mehr als zwei Drittel der Bevölkerung (67 Prozent) empfanden ihre Belastung durch Steuern als zu hoch, weniger als ein Fünftel bewertete die Abgabenlast als angemessen. Das Steuersystem wurde allgemein als ungerecht, kompliziert und unüberschaubar bewertet. Neun von zehn Befragten waren der Meinung, dass nur die Reichen und die Insider von den Steuergesetzen profitieren. Der »kleine Mann«, so die Ergebnisse der Untersuchung, kenne sich dagegen mit den Gesetzen gar nicht aus und habe überhaupt keine Möglichkeit zu mogeln (84 Prozent). Dieselbe Zahl der Deutschen war davon überzeugt, dass Ehrlichkeit bei der Steuererklärung von niemandem honoriert werde.

STEUERPARODIE

»Der Begünstigungsbetrag ist der im Veranlagungszeitraum nach Absatz 1 Satz 1 auf Antrag begünstigte Gewinn. Der Begünstigungsbetrag des Veranlagungszeitraums, vermindert um die darauf entfallende Steuerbelastung nach Absatz 1 und den darauf entfallenden Solidaritätszuschlag, vermehrt um den nachversteuerungspflichtigen Betrag des

Vorjahres und den auf diesen Betrieb oder Mitunternehmeranteil nach Absatz 5 übertragenen nachversteuerungspflichtigen Betrag, vermindert um den Nachversteuerungsbetrag im Sinne des Absatzes 4 und den auf einen anderen Betrieb oder Mitunternehmeranteil nach Absatz 5 übertragenen nachversteuerungspflichtigen Betrag, ist der nachversteuerungspflichtige Betrag des Betriebs oder Mitunternehmeranteils zum Ende des Veranlagungszeitraums. Dieser ist für jeden Betrieb oder Mitunternehmeranteil jährlich gesondert festzustellen.«

Dies ist kein Scherz, sondern § 34a Abs. 3 des Einkommensteuergesetzes (EStG). Zwar ärgere ich mich über jeden Fall von Steuergeldverschwendung. Ähnlich groß aber ist mein Unmut, wenn ich Gesetzestexte lese, die auch nach mehrmaligem Lesen nicht zu verstehen, geschweige denn umzusetzen sind. Denn damit ist die zweite der drei Bedingungen, die ich für eine positive Steuermoral formuliert habe, nicht erfüllt: Wie soll der Steuerzahler ein vernünftiges Verhältnis zu seinen Abgaben entwickeln, wenn er die Steuergesetze nicht versteht? Ich habe während meiner Amtszeit wiederholt verlangt, dass erst dann über ein Steuergesetz im Parlament entschieden werden darf, wenn zumindest die Mitglieder des Finanzausschusses bestätigen, dass sie den zu beschließenden Gesetzeswortlaut auch verstanden haben. Diese Versuche kulminierten in der Auseinandersetzung um folgende, völlig unverständliche Gesetzesformulierung von § 2 Abs. 3 Sätze 2 bis 8 des Einkommensteuergesetzes in der Fassung des Steuerentlastungsgesetzes 1999/2000/2002:

»Bei der Ermittlung der Summe der Einkünfte sind zunächst jeweils die Summe der Einkünfte aus jeder Einkunftsart, dann die Summe der positiven Einkünfte zu ermitteln. Die Summe der positiven Einkünfte ist, soweit sie den Betrag von 100 000 Deutsche Mark übersteigt, durch negative Summen der Einkünfte aus anderen Einkunftsarten nur bis zur Hälfte zu mindern. Die Minderung ist in dem Verhältnis vorzunehmen, in dem die positiven Summen der Einkünfte aus verschiedenen Einkunftsarten zur Summe der positiven Einkünfte stehen. Übersteigt die Summe der negativen Einkünfte den nach Satz 3 ausgleichsfähigen Betrag, sind die negativen Summen der Einkünfte aus verschiedenen Einkunftsarten in dem Verhältnis zu berücksichtigen, in dem sie zur Summe der negativen Einkünfte stehen. Bei Ehegatten, die nach den §§ 26, 26b zusammen veranlagt werden, sind nicht nach den Sätzen 2 bis 5 ausgeglichene negative Einkünfte des einen Ehegatten bei dem anderen Ehegatten zuzurechnen, soweit sie bei diesem nach den Sätzen 2 bis 5 ausgeglichen werden können; können negative Einkünfte des einen Ehegatten bei dem anderen Ehegatten zu weniger als 100 000 Deutsche Mark ausgeglichen werden, sind die positiven Einkünfte des einen Ehegatten über die Sätze 2 bis 5 hinaus um den Unterschiedsbetrag bis zu einem Höchstbetrag von 100 000 Deutsche Mark durch die noch nicht ausgeglichenen negativen Einkünfte dieses Ehegatten zu mindern, soweit der Betrag der Minderungen bei beiden Ehegatten nach den Sätzen 3 bis 6 den Betrag von 200 000 Deutsche Mark zuzüglich der Hälfte des den Betrag von 200 000 Deutsche Mark übersteigenden Teils der zusammengefassten Summe der positiven Einkünfte beider Ehegatten nicht übersteigt. Können negative Einkünfte des einen Ehegatten bei ihm nach Satz 3 zu weniger als 100 000

Deutsche Mark ausgeglichen werden, sind die positiven Einkünfte des anderen Ehegatten über die Sätze 2 bis 6 hinaus um den Unterschiedsbetrag bis zu einem Höchstbetrag von 100 000 Deutsche Mark durch die noch nicht ausgeglichenen negativen Einkünfte des einen Ehegatten zu mindern, soweit der Betrag der Minderungen bei beiden Ehegatten nach den Sätzen 3 bis 7 den Betrag von 200 000 Deutsche Mark zuzüglich der Hälfte des den Betrag von 200 000 Deutsche Mark übersteigenden Teils der zusammengefassten Summe der positiven Einkünfte beider Ehegatten nicht übersteigt. Die Sätze 4 und 5 gelten entsprechend.«

Die Geschichte des umstrittenen § 2 Abs. 3 EStG habe ich noch in Erinnerung. Vom damaligen Finanzminister Lafontaine soll die Weisung ausgegangen sein, die sogenannte Mindestbesteuerung neu zu regeln. Die bisherige Praxis, bei der verschiedene Einkunftsarten so miteinander verrechnet werden konnten, dass unter dem Strich keine oder nur eine geringe Steuerschuld entstand, sollte unterbunden werden. Angeblich waren es zwei Beamte aus dem Finanzministerium des Landes Nordrhein-Westfalen, die die Formulierung einer entsprechenden Gesetzesregelung übernahmen, mit dem Ziel, den Gesetzeswortlaut so wasserdicht zu machen, dass keine Maus hindurchschlüpfen konnte. Und aus diesem Bemühen resultierte schließlich ein völlig unverständliches Ergebnis. Es darf bezweifelt werden, dass es außer den beiden Verfassern viele gab, die sich in dem Labyrinth der Sätze in diesem Paragrafen noch zurechtfanden. Das Steuerentlastungsgesetz passierte zunächst alle parlamentarischen Hürden. Erst als das Gesetz im Bundesgesetzblatt stand, wurde man auf seine Unverständlichkeit aufmerksam. Seither habe ich keine Gelegenheit ausgelassen, es vor allem in Vorträgen wortwörtlich zu zitieren. Zu meiner Überraschung erhielt ich nach jedem Vorlesen kräftigen Beifall, den ich mit der Bemerkung kommentierte: »Ich nehme an, Sie klatschen, weil Sie froh sind, dass diese Tortur endlich ein Ende hat.« Doch das war ein Missverständnis: Viele Zuhörer glaubten mir einfach nicht und meinten, in einer Kabarettveranstaltung gewesen zu sein. Sie zollten meiner Fähigkeit Bewunderung, absurde Gesetzestexte zu imitieren.

Irgendwann gelang es uns, den Wortlaut des § 2 Abs. 3 in der *Bild* unterzubringen. Die Zeitung titelte: »Herr Minister, verstehen Sie dieses Gesetz?« Finanzminister war damals nicht mehr Oskar Lafontaine, sondern Hans Eichel. Nachdem wochenlang keine Reaktion erfolgt war, hakte die *Bild* am 7. Mai 1999 noch einmal nach. »Herr Eichel, wir warten immer noch auf eine Erklärung.« Schließlich kam es zur Klage vor einem Finanzgericht und dann zur Vorlage beim Bundesfinanzhof (BFH). Der BFH stellte dazu in seinem Beschluss vom 6.9.2006 unter anderem fest: »Gemessen an den vom Bundesverfassungsgericht (BVerfG) aufgestellten Grundsätzen verletzen die streitgegenständlichen Vorschriften den Grundsatz der Normenklarheit, denn sie sind sprachlich unverständlich, widersprüchlich, irreführend, unsystematisch aufgebaut und damit in höchstem Maße fehleranfällig. [...] Es wird die Entscheidung des BVerfG darüber eingeholt, ob § 2 Abs. 3 Sätze 2 bis 8 [...] wegen Verletzung des Grundsatzes der Normenklarheit (Art. 20 Abs. 3, Art. 19 Abs. 4 GG) verfassungswidrig sind.«

Ich hatte mir viel von dem Urteil des BFH versprochen – diese Ohrfeige für den Gesetzgeber übertraf meine Erwartungen allerdings noch.

Umso unverständlicher ist mir die Begründung einer Entscheidung des BFH vom 30.3.2011, die sich mit der Erhebung einer Gebühr für die Bearbeitung einer verbindlichen Auskunft vom Finanzamt befasst (BFH Az: I R 61/10). Hier heißt es unter anderem: »Der Senat teilt nicht die Auffassung, die Gebührenpflicht sei deshalb nicht gerechtfertigt, weil der Staat als Gesetzgeber selbst für das komplizierte Steuerrecht verantwortlich sei […]. Zu einem erheblichen Teil beruht die Kompliziertheit und mangelnde Durchschaubarkeit des Steuerrechts auch auf der Komplexität und Vielgestaltigkeit des modernen Rechts- und Wirtschaftslebens, das einer Erfassung in schlichten, für jedermann durchschaubaren Steuertatbeständen nicht zugänglich ist […]. Jedoch wäre angesichts der Komplexität der Lebenswirklichkeit auch ein idealer Gesetzgeber nicht in der Lage, z.B. in dem im Streitfall relevanten Bereich der Umstrukturierung von Unternehmen ein Steuergesetz so zu formulieren, dass die Steuerschuld zweifelsfrei daraus abzulesen wäre […].« Zwar ist es nicht üblich, nach den Urteilen oberster Gerichte Urteilsschelte zu üben, aber auf die Diskrepanz beider Urteilsbegründungen sei doch hingewiesen. Einmal wird ein Gesetz als unverständlich etikettiert und auf die Normenklarheit verwiesen; ein anderes Mal, fünf Jahre später, scheint dies nicht mehr zu gelten.

Sicher gibt es nicht nur im Einkommensteuergesetz, sondern auch in anderen Steuergesetzen viele weitere Beispiele dieser Art. Sie sind nicht nur deshalb ein Ärgernis, weil sie den gesunden Menschenverstand angreifen. Der ehemalige Richter am Bundesverfassungsgericht, Paul Kirchhof, geht sogar so weit, zu behaupten, dass ein unverständliches Gesetz nicht ordnungsgemäß beschlossen und nicht ordnungsgemäß zustande gekommen sein kann. Denn wie soll eine Abstimmung gültig sein, wenn diejenigen, die durch ihr Mandat über solche Gesetze entscheiden, überhaupt nicht verstehen, worum es geht?

Kirchhof verweist außerdem darauf, dass die steuerlichen Erklärungspflichten strafbewehrt sind. (Bundessteuergesetzbuch, S. 6 Textziffer 14). Das heißt im Klartext: Jeder, der seine Steuererklärung unterschreibt, bestätigt damit die Richtigkeit seiner Angaben. Obwohl der Steuerzahler aufgrund der komplizierten Steuergesetze im Grunde gar nicht wissen kann, ob seine Steuererklärung in allen Punkten dem Gesetz entspricht, muss er am Ende die Richtigkeit seiner Angaben bestätigen. Verstößt jemand jedoch gegen geltende Steuergesetze, läuft er Gefahr, bestraft zu werden.

WIDERSPRÜCHLICHE STEUERGESETZE?

Wie widersprüchlich und unverständlich unser Steuerrecht ist, mag Folgendes deutlich machen. Ich war 32 Jahre ehrenamtlicher Finanzrichter am Finanzgericht Düsseldorf. Von den vielen Entscheidungen, die ich mit zu tragen hatte, ist mir eine Entscheidung in bester Erinnerung:

Es ging um die Frage, ob jemand, der eine Segelyacht besaß, die Verluste, die er bei dem Versuch, die Yacht zu verchartern, in seiner Einkommensteuererklärung geltend machen konnte. Denn das Finanzamt war der Meinung, dass er für die Yacht zwar die von ihm gezahlte Umsatzsteuer als Vorsteuer in seiner Umsatzsteuererklärung geltend machen konnte, nicht aber in seiner Einkommensteuer die Verluste, die bei dem Versuch entstanden sind, die Yacht zu verchartern. Es behandelte ihn also in Bezug auf die Umsatzsteuer wie einen Unternehmer, hinsichtlich und gleichzeitig bei der Einkommensteuer jedoch nicht. Nach langer Beratung bestätigte nun der Senat diese widersprüchliche Einschätzung des Finanzamts durch seine Entscheidung: Im Sinne des Umsatzsteuergesetzes war der Kläger Unternehmer, im Sinne des Einkommensteuergesetzes nicht, lautete sinngemäß der Urteilsspruch. Selten habe ich bei der Verkündigung eines Urteils größere Entgeisterung in den Gesichtern der Betroffenen gesehen.

In diesem Augenblick erinnerte ich mich an das, was mir der Vorsitzende des Senats des Finanzgerichts, dem ich zuerst angehört hatte, bei meiner Vereidigung zum ehrenamtlichen Finanzrichter mit auf den Weg gegeben hatte: »Herr Däke, wir sprechen hier kein Recht. Wir machen Urteile.« Ich hatte das zunächst nicht verstanden. Aber im Laufe der Jahre als ehrenamtlicher Richter begriff ich, was er damit gemeint hatte. Die Richter haben sich bei der Urteilsfindung an die geltenden Gesetze zu halten, selbst dann, wenn sie den Sinn eines Gesetzes nicht nachvollziehen können. Allerdings habe ich aus meiner Tätigkeit als ehrenamtlicher Finanzrichter auch gelernt, dass es unter den Finanzrichtern nicht nur Fiskalisten gibt – also solche Richter, die ausschließlich das Wohl des Staates und dessen Steuereinnahmen im Auge haben oder die sich als Verteidiger von Entscheidungen der Finanzämter verstehen. Auch die Richter müssen über die Ungereimtheiten des Steuerrechts und dessen Widersprüchlichkeiten hinwegsehen, so schwer es ihnen manchmal fällt. Wir haben oft stundenlang um ein Urteil gerungen, vor allem wenn es um die Anwendung von steuerlichen Bestimmungen auf den zugrunde liegenden Sachverhalt ging. Und nicht immer waren alle fünf Mitglieder eines Finanzgerichtssenates, drei hauptberufliche und zwei ehrenamtliche Richter, mit dem beschlossenen Urteil in dem Sinne zufrieden, dass es dem Rechtsfrieden dienen könnte. Wir machten eben Urteile und sprachen kein Recht, wozu die teilweise außerordentlich widersprüchlichen und unverständlichen Steuergesetze erheblich beitrugen und immer noch beitragen.

DIE STEUER AUF DEM BIERDECKEL

Die Komplexität und Unverständlichkeit der Steuergesetze betrachten viele als ein Übel, das nicht zuletzt selbst unnötige Kosten und damit Verschwendung verursacht. In der Zeit zwischen 1994 und 2003 schrieb sogar die Politik sich diese Einsicht auf die Fahnen und beauftragte verschiedene Kommissionen, Vorschläge für eine grundlegende Steuerreform auszuarbeiten. Steuerexperten wie Peter Bareis (1994), Gunnar Uldall (1996), Manfred Rose (2000), Paul Kirchhof (2001) und Friedrich Merz (2003) legten Modelle zur Reform insbesondere der Einkommen- und Lohnsteuer vor.

Ziel war es, die Steuer durchgreifend zu vereinfachen und von allem Ballast zu befreien, der sich im Lauf der Jahre durch viele Ausnahmetatbestände und Steuervergünstigungen angesammelt hatte. Außerdem war der Steuertarif nicht mehr nachzuvollziehen und völlig unverständlich. Besonders bekannt wurde in diesem Zusammenhang ein Vorschlag, der am Ende fälschlicherweise als »Steuerreform auf dem Bierdeckel« oder auch als »Steuererklärung auf dem Bierdeckel« in die Diskussion einging. Er stammte von Friedrich Merz, der einen sogenannten Stufentarif vorschlug, bei dem die Steuer je nach zu versteuerndem Einkommen in Sätze von 12, 24 und 36 Prozent gestaffelt sein sollte. Auf diese Weise, so führte Merz damals aus, wäre es jedem Steuerzahler möglich, nach einer Lohn- oder Gehaltserhöhung die zukünftig zu zahlende Steuer auf einem Bierdeckel auszurechnen.

GEBEN UND NEHMEN

Der Gegenspieler zur Steuermoral ist die Besteuerungsmoral. Sie bezeichnet die Einstellung der staatlichen Organe zu denjenigen, von denen Steuern erhoben werden sollen. Inwieweit der steuerzahlende Bürger den Eindruck hat, dass es bei der Besteuerung gerecht und maßvoll zugeht, inwieweit er vom Sinn von Steuern überzeugt ist und inwieweit er darauf vertraut, dass die politisch Handelnden sparsam und wirtschaftlich mit den Steuern umgehen, hängt wesentlich auch von der Haltung derjenigen ab, die das Geld einnehmen und wieder ausgeben. In der Theorie ist die Sache klar: Der Steuerzahler weiß, dass er etwas zu der Gemeinschaft beiträgt, in der er lebt. Seine Steuern sind nicht bloß ein notwendiges Übel, sondern kommen ihm selbst zugute: Er ist froh über den tadellosen Zustand deutscher Straßen, seine Kinder gehen in staatliche Kindergärten und Schulen, die eine ordentliche Bildung versprechen, und auch die Konzert- oder Theaterkarte zu einem vernünftigen Preis weiß er zu schätzen – kurz: Wir alle erfreuen uns täglich an blühenden Landschaften, und dafür zahlen wir gerne unsere Steuern. Auf der anderen Seite steht der Politiker als Repräsentant des Volkes. Er nimmt seine Bürger ernst, hört ihnen aufmerksam zu und verfolgt sorgsam die ihm anvertrauten Aufgaben.

Was die Politik sagt und was sie tut, das sind jedoch bekanntermaßen zweierlei Dinge. Auch Politiker prangern in ihren Reden hin und wieder eben jene Missstände an, für deren Beseitigung sie verantwortlich sind. In solchen Reden geben sie sich solidarisch mit dem Steuerzahler, beschwören ein Bündnis, das es in Wahrheit nicht gibt. Denn am Ende wird doch wieder nur bis zur nächsten Wahl gedacht und die kurzfristig Erfolg versprechende Lösung der nachhaltigen vorgezogen. Hans Eichel startete mit ehrenwerten Zielen. Zu Beginn seiner Amtszeit als Finanzminister sagte er, die Bürgerinnen und Bürger hätten einen Anspruch darauf, »dass ihre Steuergelder nicht sinnlos verpuffen, sondern verantwortungsvoll mit ihnen umgegangen wird und wir uns nur das leisten, was wir uns leisten können.«[21] Wir wissen inzwischen, was in den folgenden Jahren daraus geworden ist. Steuergelder verpufften weiterhin.

Doch es gibt Ausnahmen. Für sie sieht die »Taxpayers Association of Europe« eine Auszeichnung, den »Europäischen Steuerzahlerpreis« vor. Im Jahr 2010 wurde der Preis an die Vizepräsidentin der Europäischen Kommission und EU-Kommissarin für Justiz, Viviane Reding, vergeben. Sie hatte unter anderem klare rechtliche Grenzen für die staatliche Finanzierung des öffentlichen Rundfunks gesetzt und so den europäischen Steuer- und Gebührenzahlern Milliarden erspart. Außerdem wurde sie für ihre Initiative ausgezeichnet, die allzu hohen EU-Roaming-Gebühren zu verbieten, die für Mobilfunknutzer im Ausland anfallen. Schließlich hatte sie für eine effiziente Verwendung der europäischen Forschungsausgaben im Bereich der Informations- und Kommunikationstechnologien gesorgt. Zudem war es ihr gelungen, die Fehlerquote bei der Mittelverwendung von neun Prozent im Jahr 2004 auf unter vier Prozent zu reduzieren.[22]

Anlässlich der Preisverleihung am 22. März 2011 in Brüssel betonte Frau Reding, es müsse ein Bündnis zwischen Politikern und Steuerzahlern geben. Sie vertrat die These, dass die EU-Kommission und der Steuerzahler »eine ganz natürliche Allianz bilden, wenn es um das Ziel gesunder öffentlicher Finanzen geht.« Die Europäische Kommission unter Präsident Barroso brauche »den Vergleich mit keiner nationalen Regierung« zu scheuen, führte sie weiter aus, »wenn es darum geht, die Interessen der Steuerzahler zu kennen und täglich zu berücksichtigen«. Für mich war diese Rede deshalb so bemerkenswert, weil Frau Reding besonders die Bekämpfung der Staatsverschuldung, einen glaubwürdigen Kontrollmechanismus für die Einhaltung des europäischen

Stabilitätspakts sowie eine wachstumsfördernde Politik her-
vorhob.[23]

In ihrer Rede wies die luxemburgische EU-Kommissarin
unter anderem darauf hin, dass die Situation der EU-Politi-
ker eine andere sei als die nationaler Politiker. Und so sehr
die Arbeit Einzelner positiv zu bewerten ist, so wenig kann
man daraus auf die Zustände im Allgemeinen schließen. Ich
kann mich des Eindrucks nicht erwehren, dass das Verhältnis zwischen Politik und Bürgern überwiegend von Miss-
trauen geprägt ist. Der Gesetzgeber trickst den Steuerzahler
zunehmend aus, durch Maßnahmen wie die fiskalische
Gängelung, durch unverständliche Gesetze, durch Steuererhöhungen, die hinter Wortungetümen wie dem »Steuervergünstigungsabbaugesetz« versteckt werden. Das hat nichts
mit dem Respekt zu tun, der dem Steuerzahler eigentlich
gebührt. Er ist immerhin der Finanzier des Staates! Dass es
dem Staat gegenüber dem Steuerzahler an Respekt jedoch
eher mangelt, kommt meines Erachtens auch in dem Wort
»Steuerpflichtiger« zum Ausdruck. Entsprechend der üblichen Abkürzung »Stpfl« sprechen Fachleute scherzhaft vom
»Stipfel«. Während die Behörden argumentieren, das Wort
»Steuerzahler« sei zu schwach und es müsse auch durch die
sprachliche Regelung klar werden, dass der Bürger dazu
verpflichtet ist, seine Steuern zu zahlen, habe ich in meiner
Amtszeit immer gefordert: Der Begriff »Steuerpflichtige«
muss aus der Gesetzes- und Amtssprache verschwinden
und durch »Steuerzahler« oder »Steuerbürger« ersetzt werden.

In einer komplexer werdenden Welt ist es leichter geworden, den Bürger zu entmündigen, indem man ihm einfach

erklärt: »Die Sache ist kompliziert.« Haben wir die Pille erst einmal geschluckt, dass wir ohnehin nichts verstehen, lässt sich der Satz »Steuererhöhungen sind alternativlos« problemlos an den Mann bringen. Umgekehrt nehmen Resignation und Politikverdrossenheit zu. Und so ist auch den Bürgern oft nicht klar, dass sie nicht die »bösen Politiker« bestrafen, sondern die Gemeinschaft betrügen, wenn sie ihre Steuern nicht zahlen. Je weniger ich selbst an Abgaben leiste, desto mehr lebe ich auf Kosten meines Nachbarn. Am Ende richtet die Abwärtsspirale des gegenseitigen Misstrauens großen Schaden an: Je mehr das Vertrauen zwischen dem Volk und seinen Repräsentanten sinkt, je mehr sie sich gegenseitig böse Absichten unterstellen, desto mehr wird aus einem scheinbar demokratischen Verhältnis eines von Herrschern und Beherrschten.

7 STEUERVERSCHWENDER BESTRAFEN

Es ist nicht schön, darauf herumzureiten, aber die niedersächsische Landeshauptstadt Hannover hat sich in jüngster Zeit als Hort politischer Kungeleien einen Namen gemacht. Der Glanz der Landeshauptstadt, so scheint es, strahlt auch ein wenig auf die Provinz aus. Im gut 80 Kilometer entfernten Bad Oeynhausen ließ ein Kurdirektor eine Dienstvilla des Staatsbades renovieren. Er nutzte die Gelegenheit, die Räumlichkeiten mit einem Whirlpool auszustatten. Leider, das war wirklich zu dumm, ging bei der Anlieferung des Sprudelbads etwas schief, der Lieferant hatte aus Versehen beim Nachbarn geklingelt. Dieser stellte den Irrtum zwar augenblicklich richtig und verwies auf das benachbarte Gebäude, doch es war zu spät. Denn kaum hatte er mit dem Finger nach nebenan gezeigt, kamen ihm erste Zweifel. Er begann sich zu fragen: »Wozu braucht es in einer Dienstvilla des Staatsbades einen Whirlpool?« Die Sache schien ihm nicht geheuer, und so wandte er sich an den Bund der Steuerzahler. Der stellte bei seinen Recherchen fest, dass die Dienstvilla im Auftrag des Kurdirektors renoviert und komfortabler ausgestattet wurde, ohne dass er in irgendeiner Weise dazu berechtigt war und über die dazu benötigten Mittel verfügen konnte. Die Dinge kamen ins Rollen und landeten schließlich vor dem Amtsgericht. Denn der Bund der Steuerzahler hatte am 16.4.1997 wegen diverser Verstöße gegen haushaltsrechtliche Bestimmungen Strafanzeige erstattet. Schließlich wurde der Kurdirektor zu einer Bewährungsstrafe von sieben Monaten und 10 000 Mark Geldstrafe verurteilt.

DIE WUT ÜBER DEN VERLORENEN GROSCHEN

Die Verurteilung in Bad Oeynhausen ist nur ein Einzelfall, und sie kann vielleicht damit erklärt werden, dass ein Whirlpool sich auf der Abrechnung eines öffentlichen Trägers doch ein wenig zu exotisch ausnimmt. Indessen tauchte bald nach Erscheinen der ersten Schwarzbücher des Bundes der Steuerzahler die auch in den Medien immer wieder gestellte Frage auf: Was passiert denn jetzt mit denjenigen, die Steuergelder verschwendet haben? Werden sie zur Rechenschaft gezogen?

Obwohl die staatlichen Organe heute stärker kontrolliert werden als früher und der einzelne Bürger ihnen gegenüber viele Rechte hat, ist in Bezug auf die öffentlichen Finanzen ein Ungleichgewicht zu beobachten: Auf der einen Seite unterliegen die Steuerzahler klaren strafrechtlichen Sanktionen, wenn sie ihrer Pflicht nicht ordnungsgemäß nachkommen. Gerade in den letzten Jahren sind die Finanzbehörden darauf bedacht, die Eintreibung von Steuern massiv zu verschärfen. Durch etliche Gesetzesänderungen wird versucht, die Steuereinnahmen zu sichern. Dagegen ist im Grunde auch nichts einzuwenden, insbesondere wenn es sich um Maßnahmen zur Bekämpfung der Steuerhinterziehung handelt. Denn Steuerhinterziehung ist – und das steht für mich außer Frage – keine Bagatelle, sondern ein strafwürdiges Delikt.

Doch auf der Seite derer, die das Geld ausgeben, sieht die Sache ganz anders aus. Die Zahl der Fälle, in denen für die Verschwendung von Steuergeldern ein oder mehrere Verantwortliche persönlich haftbar gemacht worden sind, ist verschwindend gering. In den letzten Jahren hat der Unmut über die vom Bund der Steuerzahler und den Rechnungshöfen enthüllten Verschwendungsfälle zugenommen. Je mehr alle staatlichen Ebenen bis zum Hals im Schuldensumpf stecken und je öfter die »leeren öffentlichen Kassen« trotz steigender Steuereinnahmen vor allem von der Politik beklagt werden, umso größer wird die »Wut über den verlorenen Groschen«. Wer Steuern hinterzieht, schadet der Allgemeinheit, denn dann müssen die ehrlichen Steuerzahler für das aufkommen, was die Unehrlichen dem Staat vorenthalten. Dafür werden sie zu Recht bestraft. Ebenso aber schadet auch derjenige der Allgemeinheit, der Steuergelder verschwendet, wenn er geltende Gesetze bewusst nicht beachtet oder umgeht. Steuergeldverschwender müssen deshalb ebenso zur Rechenschaft gezogen werden wie Steuerhinterzieher. Dies war mein ständiges Credo, und so setzte ich mich während meiner Amtszeit sehr dafür ein, eine Verbesserung der bestehenden Rechtslage zu bewirken. Auch bei den Mitgliedern des Bundes der Steuerzahler fand die Auffassung zunehmend Zustimmung, dass derjenige, der Steuergelder gegen geltende Rechtsvorschriften ausgibt, ebenso wie ein Steuerhinterzieher strafrechtlich verfolgt werden sollte.

Das sehen jene naturgemäß ganz anders, die von solchen Maßnahmen betroffen wären. Nicht alle ihre Bedenken sind völlig von der Hand zu weisen. Viele haben grundsätzliche Einwände gegen die Ahndung von verschwenderischen Ausgaben im öffentlichen Bereich. Sie fürchten, die Entscheidungsfreude von Beamten oder Politikern würde im Falle von Strafandrohungen bedenklich eingeschränkt. Zudem könnten Probleme nicht mehr ernsthaft in Angriff genommen werden, weil sämtliche Lösungswege zu Tode geprüft würden. Die Politik, so lautet der zentrale Einwand, wird handlungsunfähig, wenn man sie allzu sehr kontrolliert. Ein wichtiges Gegenargument gegen alle, die auf Verschwendungsfälle hinweisen, besteht außerdem in der grundsätzlichen Schwierigkeit, solche Fälle zu beurteilen. Denn meist liegen die Dinge nicht so eindeutig, sind Fehlausgaben nicht so haarsträubend wie der Kauf eines Whirlpools für die Dienstvilla in einem Staatsbad.

So berechtigt diese Bedenken sein mögen, sie erscheinen dennoch zu einfach. Wer sich in der Lage befindet, über die Verwendung von öffentlichen Geldern entscheiden zu können, der hat einen Posten inne, der mit Verantwortung verbunden ist. Verantwortung zu übernehmen bedeutet, für die Konsequenzen des eigenen Handelns geradezustehen. Auch die Befürchtungen, Politiker wagten es kaum noch, sich zu bewegen, wenn man ihnen allzu sehr auf die Finger schaut, ist für mich allerdings sehr weit hergeholt. Es stellt sich die Frage, ob eine amtlich legitimierte Instanz zur Verfolgung von Fehlausgaben, von Prunk und Protz, Fehlplanungen und öffentlicher Misswirtschaft nicht eine gute Lösung wäre, die Missstände wenigstens teilweise in den Griff zu bekommen.

SYSTEMBEDINGTE MÄNGEL

Natürlich gab und gibt es längst zahlreiche Vorschriften und Bestimmungen, die zu sparsamer und wirtschaftlicher Haushaltsführung verpflichten. Das Gesetz hält ein ganzes Arsenal von Sanktionen bereit, das Verschwendern von Steuergeldern droht. Wer etwa Kontroll- und Überwachungsverantwortung trägt, kann wegen Dienstvergehens belangt werden, wenn er schuldhaft seine Pflichten verletzt. Steuergeldverschwender können für den von ihnen angerichteten Schaden in Regress genommen oder disziplinarisch belangt werden, z.B. durch Verweis, Geldbuße, Gehaltskürzung, Entfernung aus dem Dienst, Kürzung oder gar Aberkennung des Ruhegeldes. Von diesen Maßnahmen wird allerdings so gut wie kein Gebrauch gemacht. Wo jedoch schon zivil- und dienstrechtliche Sanktionen kaum zur Anwendung kommen, steht es um die strafrechtlichen Konsequenzen noch schlechter. Selbst dann, wenn die Rechnungshöfe die Vergeudung von Haushaltsmitteln öffentlich rügen, werden die Verantwortlichen nur in den allerseltensten Fällen zur Rechenschaft gezogen.

Für diesen Zustand gibt es zahlreiche Gründe. Der Fehler liegt, wie so oft, im System. Behördenchefs, die die Befugnis haben, in Fällen von Misswirtschaft entsprechende Verfahren einzuleiten, würden sich damit indirekt selbst belasten. Läuft in ihrem Haus etwas schief, stehen sie schnell selbst im Zentrum der Kritik. Warum sollte ein Minister in seinem Ressort Steuergeldverschwender entdecken und sanktionieren, wenn er am Ende für alles, was in seinem Ministerium geschieht, persönlich verantwortlich gemacht wird? Bietet nicht jeder Fehler eine Steilvorlage für Kritik aus den Reihen der Opposition? Sie wird ihm öffentlich vorhalten, seinen Laden nicht im Griff zu haben.

Ein weiterer systembedingter Mangel liegt in der parlamentarischen Finanzkontrolle. Denn hier sind es die Regierung und die ihr angehörenden Fraktionen, die kein Interesse an der Enthüllung von Misswirtschaft haben. Ein grundsätzliches Problem besteht also darin, dass es letzten Endes die Verschwender selbst sind, die ihr eigenes Fehlverhalten überprüfen und daraus Konsequenzen ziehen müssten. Wie heißt es so schön: »Eine Krähe hackt der anderen kein Auge aus.« Wäre es da nicht an der Zeit, einen Eichelhäher mit der Beaufsichtigung der Krähen zu beauftragen? In der Tat hat es in den letzten Jahrzehnten wiederholt Bemühungen gegeben, die Ahndung von Steuergeldverschwendung zu verbessern oder überhaupt zu ermöglichen. Voraussetzung dafür wäre eine Veränderung der Rechtslage.

DAS STRAFRECHTLICHE INSTRUMENTARIUM

In rechtlicher Hinsicht sind alle Fälle unproblematisch, bei denen ein öffentlich Bediensteter oder Politiker Gelder in die eigene Tasche wirtschaftet. Für die Verfolgung solcher Fälle bietet das Strafgesetzbuch (StGB) mit den Tatbeständen der Unterschlagung (§ 246 StGB), des Betrugs (§ 263 StGB) und der Untreue (§ 266 StGB) genügend Handhabe.

In der Mehrzahl der Fälle von Steuergeldverschwendung handelt es sich jedoch nicht um eigennützige Handlungen, sondern um solche, in denen der Allgemeinheit Schaden zugefügt wird, ohne dass sich dahinter ein betrügerischer Vorsatz verbirgt. Den Strafverfolgungsbehörden fällt es schwer, bei den sogenannten »nicht eigennützigen Vermögensschäden« einen Vorsatz nachzuweisen. Allerdings werden strafrechtliche Maßnahmen fast immer auch dann ausgeschlossen, wenn eine vorsätzliche Pflichtverletzung nachgewiesen werden kann. Zwar werden häufig Strafanzeigen erstattet, doch die Staatsanwaltschaften stellen fast regelmäßig die Ermittlungen ein, mit der Begründung, dass das strafrechtliche Instrumentarium für die angezeigten Fälle nicht ausreiche. Deshalb halten viele es für zwingend notwendig, den § 266 StGB zu ergänzen.

Darüber, wie offenkundige Mängel in der Rechtslage am besten behoben werden könnten, gab und gibt es unter Strafrechtlern unterschiedliche Auffassungen. Bereits 1979 legten die Kölner Rechtswissenschaftler Kohlmann und Brauns ein Gutachten »Zur strafrechtlichen Erfassung der Fehlleitung öffentlicher Mittel« vor. Darin empfahlen sie eine neue Vorschrift im Strafgesetzbuch, nach der Amtsträger zu bestrafen sind, wenn sie wissentlich und damit vorsätzlich öffentliche Mittel bewilligen oder ausgeben, obwohl dies nach den einschlägigen Gesetzen, Verordnungen oder sonstigen Rechtsvorschriften nicht zulässig oder nicht sachgerecht ist. Kohlmann und Brauns bezeichnen Steuergeldverschwender in ihrem Gutachten unmissverständlich als »Täter«, die auch dann zu bestrafen sind, wenn Steuergelder leichtfertig ausgegeben oder bewilligt werden. Im Ergebnis sollte § 266 Strafgesetzbuch (StGB) durch den Sonderstraftatbestand der »Amtsuntreue« ergänzt werden. Damit sollte ausdrücklich herausgestellt werden, dass auch die unzulässige Verwendung von Steuergeldern durch Amtsträger eine Form der Veruntreuung darstellt, die zu bestrafen ist.

Nachdem es im Anschluss an die Vorschläge von Kohlmann und Brauns lange Zeit nicht gelungen war, auch nur eine einzige Gesetzesänderung durchzusetzen, verfasste der Strafrechtler Gerhard Wolf 1997 ein Gutachten »Die Strafbarkeit der rechtswidrigen Verwendung öffentlicher Mittel«. Wolf kam zu dem Schluss, dass es an der Bereitschaft fehle, in dieser Sache überhaupt tätig zu werden. Es bestehe eine »stillschweigende Interessengemeinschaft aller derer, die von solchen Maßnahmen betroffen würden. Wer aber beschließt schon Maßnahmen gegen sich selbst?« Es ist schon ein wenig erschütternd. Nach fast 20 Jahren Bemühungen, die rechtliche Situation zu verbessern, resümiert ein Fachmann, was wir ohnehin schon wussten: Die eine Krähe hackt der anderen kein Auge aus! Die Politik weigerte sich, das StGB entsprechend zu ergänzen. Gebetsmühlenartig wurde in Gesprächen und Diskussionen wiederholt, das vorhandene strafrechtliche Instrumentarium reiche völlig aus. Wolf hatte sich vorgenommen, dies genauer zu untersuchen. Und stellte schließlich auch zu meiner großen Überraschung fest, ein spezieller Tatbestand der Untreue würde nicht nur die gegenwärtigen Probleme nicht lösen, sondern sei außerdem mit dem System der Amtsdelikte im StGB nicht zu vereinbaren. Folgt man den Ergebnissen des Gutachtens, ist bereits nach dem geltenden Untreuetatbestand jede vorsätzlich rechtswidrige Verwendung öffentlicher Mittel strafbar, ein ergänzender Tatbestand, so Wolf, sei daher nicht erforderlich. Auch jetzt schon gelte, dass Ausgaben, die auf einem vorsätzlichen Verstoß gegen die Haushaltsgesetze beruhen, die öffentliche Hand schädigen, »und [sie] sind daher als Untreue strafbar.«

Man ist geneigt, an dieser Stelle an den Kalauer zu denken: »Zwei Juristen – drei Meinungen!« Oder an eine Begebenheit in einem Gerichtssaal, die sich folgendermaßen abgespielt haben soll: In einer Gerichtsverhandlung antwortet der Richter auf die Aussage eines Klägers: »Da gebe ich Ihnen recht.« Es folgt die Erwiderung des Beklagten, worauf der Richter sich diesem zuwendet: »Sie haben recht.« Der Kläger springt daraufhin empört auf und ruft: »Herr Richter, Sie können doch nicht erst mir und dann dem da recht geben«, worauf der Richter in aller Ruhe erwidert: »Da haben Sie auch recht.«

Es verwundert wohl kaum, dass auch das Gutachten von Wolf nicht zu einer Veränderung der bestehenden Situation führte. Ungefähr vierzehn Jahre später, im Jahr 2011, legte Bernd Schünemann, Ordinarius für Straf- und Strafprozessrecht, erneut ein Gutachten mit dem Titel »Unverzichtbare Gesetzgebungsmaßnahmen zur Bekämpfung der Haushaltsuntreue und der Verschwendung öffentlicher Mittel« vor. Schünemann ging einen ganz anderen Weg als sein Vorgänger und empfahl die Schaffung eines neuen § 349 StGB, den er »Haushaltsuntreue« nannte, ferner die Schaffung eines neuen Ordnungswidrigkeitstatbestandes als § 59 Haushaltsgrundsätzegesetz (HGrG) sowie die Schaffung einer Mitteilungspflicht als § 59a HGrG. Die Ergebnisse dieses Gutachtens wurden Anfang 2012 veröffentlicht und fanden, wie nicht anders zu erwarten war, unterschiedliche Bewertungen. Ob sie sich eines Tages durchsetzen werden, bleibt abzuwarten.

WIR BRAUCHEN EINEN AMTSANKLÄGER

Ganz gleich, ob jemals ein wie auch immer zu nennender Straftatbestand geschaffen werden sollte, halte ich die Einsetzung eines unabhängigen Amtsanklägers für unbedingt erforderlich. Dabei sollte es sich um eine von der Politik unabhängige Instanz handeln, deren Aufgabe es sein müsste, Straf-, Regress- und Disziplinarverfahren einzuleiten. Der Amtsankläger würde dafür keine eigens einzurichtende Ermittlungsbehörde benötigen, sondern könnte die Einleitung von Verfahren auf den Ermittlungsergebnissen der staatlichen Rechnungsprüfer in Bund, Ländern und Gemeinden aufbauen.

Die Möglichkeit, eine solche Instanz in das Finanzkontrollsystem der Bundesrepublik Deutschland zu integrieren, hat der Staatsrechtler Günter Püttner bereits 1981 in seinem Gutachten »Der Amtsankläger« für den Bund der Steuerzahler gründlich untersucht und nachgewiesen.

Für diejenigen, die für die Verschwendung von Steuergeldern bezahlen müssen, ist die Situation nach wie vor unbefriedigend. Alle Bemühungen, sei es von Strafrechtlern oder aber vonseiten des Bundes der Steuerzahler, konnten bisher nichts dagegen ausrichten. Nach wie vor werden diejenigen, die volle Verfügungsrechte über das Geld der Steuerzahler haben, bei Fehlverhalten einfach aus der Verantwortung entlassen. Dennoch empfinde ich es nicht als Niederlage, dass Steuergeldverschwendung auch heute nicht sanktioniert wird. Denn schon vor 2000 Jahren stellte Cato fest: »Privatdiebe fesselt man auf Lebenszeit im Kerker, öffentliche gehen in Gold und Purpur.«

MITTEILUNGS- UND ANZEIGEPFLICHT

Wo es um die Einnahmen von Steuern geht, haben die Finanzverwaltungen eine Fülle von Kontrollmöglichkeiten erhalten, um die Steuerzahler zu überwachen. So verfügen sie auch über Mitteilungs- und Anzeigepflicht im Falle eines Verdachts auf Steuerhinterziehung. Schon bei einem Anfangsverdacht wird in der Regel ein Ermittlungsverfahren durch die Staatsanwaltschaften eingeleitet.

Ein möglicher Weg, die Situation auch auf der Seite der Ausgaben entsprechend zu gestalten, würde darin bestehen, die Rechnungshöfe ebenso mit einer Mitteilungs- und An-

zeigepflicht auszustatten. Zwar bieten die Rechnungshofberichte ausreichende Anhaltspunkte für die Staatsanwaltschaften, um eigenständig Ermittlungen aufnehmen zu
können. Eine förmliche Pflicht dazu gibt es jedoch nicht, es
sei denn, den Staatsanwaltschaften werden Verschwendungsfälle von Dritten mitgeteilt oder sogar angezeigt. So,
wie die Finanzverwaltung im Falle des Verdachts der Steuerhinterziehung sogar zur Anzeige verpflichtet ist, könnten
jedoch auch die Rechnungshöfe und Rechnungsprüfungsämter der Kommunen die Staatsanwaltschaft auf den Plan
rufen müssen, sobald es Anhaltspunkte für eine Straftat
oder Ordnungswidrigkeit wegen der Verletzung der haus-
haltsrechtlichen Vorschriften gibt. Dies würde zumindest
eine Stärkung der Finanz- oder Haushaltskontrolle durch
die Rechnungshöfe oder die Rechnungsprüfungsämter bedeuten.

8 WAS MAN UNTER »SPAREN« VERSTEHT

Es gibt in der Finanzpolitik, so glaube ich, kaum einen Begriff, der mehr missbraucht wird als das Wort »sparen«. Nun will ich an dieser Stelle keine Sprachforschung betreiben, aber schon ein Blick in den Duden ist erhellend. Dort liest man, dass das altgermanische Verb dem ursprünglichen Sinn nach »etwas bewahren, unversehrt erhalten oder schonen« bedeutete. Daraus sei besonders im Deutschen die Bedeutung »für später zurücklegen, nicht gebrauchen« und in Bezug auf Geld auch »weniger ausgeben« geworden. Ich bin davon überzeugt, dass die Mehrheit der deutschsprachigen Bevölkerung das Wort »sparen« auch tatsächlich in diesem Sinne versteht. Wer spart, gibt weniger aus oder legt etwas zurück, um etwas auf der sprichwörtlichen »hohen Kante« zu haben. Wer spart, denkt an die Zukunft. Sein Verhalten gilt als vorausschauend und überlegt.

Die Politik hingegen, scheint es, schaut immer weniger voraus. Gerade im Lichte der Finanzkrise verstärkt sich der Eindruck, dass sie dem Geschehen permanent hinterherläuft, und viele befällt das ungute Gefühl, dass sie auch dabei noch zu langsam ist. An die Stelle der sorgsamen Vorausschau und der politischen Visionen für die Zukunft tritt ein hektisches Reagieren auf sich überstürzende Ereignisse.

Die finanzielle Talfahrt der europäischen Staaten hat eine hohe Geschwindigkeit aufgenommen und dabei die Bedeutung des Wortes »sparen« mit sich in den Abgrund gerissen. Ich will dafür gleich eine ganze Reihe von Beispielen geben.

Wenn in der aktuellen Politik von »sparen« die Rede ist, meint man damit zum Beispiel eine geringere Neuverschuldung als im Vorjahr. Die Verschuldung steigt dabei jedoch weiter an. Der Staat nimmt also Schulden auf und bezeichnet diesen Vorgang als »sparen«, weil es ja nicht mehr ganz so viele neue Schulden sind wie noch zuvor.

Ein weiteres Beispiel sind die sogenannten »Sparpakete«. Sie bestehen meist zu einem großen Teil darin, dass der Staat seine Einnahmen verbessert, indem er Steuern erhöht oder neue Steuern und Abgaben einführt. Auf den privaten Unternehmer übertragen bedeutet dies: Ich nehme mehr ein und bezeichne das als »sparen«, nur dass der Staat seine Einnahmen nicht selbst verdient. Stattdessen übt er sich in der Kunst, dem Bürger und Wähler mehr Geld aus der Tasche zu ziehen und ihm diesen Vorgang als Sparmaßnahme zu verkaufen.

Ich habe mich fortlaufend gegen die falsche Verwendung und den Missbrauch des Wortes »sparen« in den öffentlichen Debatten eingesetzt. Denn dahinter steckt mehr als sprachliche Schlamperei: All die Politiker, die uns vorgaukeln, einen Sparkurs zu fahren, bauen in Wahrheit Potemkinsche Dörfer. Dabei verhalten sie sich ein bisschen so wie jemand, der mit seinem Geld nicht mehr auskommt und daraufhin zu seinem Chef sagt: »Boss, ich brauche mehr Geld«, anstatt seine Ausgaben zu überprüfen und zu kürzen.

Ein Musterbeispiel für das Vorgehen der Politik sind die »Ergebnisse der Sparklausur« der Bundesregierung vom Juni 2010 (Bundesministerium der Finanzen vom 7.6.2010), die als die »Meseberger Sparbeschlüsse« bekannt wurden. Das Bundesfinanzministerium veröffentlichte ein »Tableau der Sparmaßnahmen«, das sich bei genauer Betrachtung als Mogelpackung entpuppte, die dem Staat eine Reihe von neuen Einnahmen bescheren sollte. Ziel der Sparbeschlüsse war es, den Bundeshaushalt bis 2014 um insgesamt rund 80 Milliarden Euro zu entlasten. Rund ein Drittel der beschlossenen Entlastungsmaßnahmen bestanden jedoch aus Einnahmeerhöhungen. So sollten z.B. »durch die Einführung einer steuerlichen Beteiligung der Kernenergiewirtschaft an den Sanierungskosten sowie eine Reduktion der Zusatzgewinne« jährlich 2,3 Milliarden Euro an zusätzlichen Einnahmen für den Bundeshaushalt generiert werden. In den vier Jahren zwischen 2011 und 2014 würden so 9,2 Milliarden Euro »gespart«. Ferner wurde beschlossen, eine nationale ökologische Luftverkehrsabgabe für alle Passagiere zu erheben, die von einem inländischen Flughafen abfliegen – jeder Fluggast zahlt ein paar Euro mehr, und schon wären wieder insgesamt vier Milliarden Euro »gespart«. Durch eine »Bahndividende« sollten zwei Milliarden Euro, durch die »Beteiligung des Bankensektors an den Kosten der Finanzmarktkrise« sechs Milliarden Euro und durch die »Wiedereinführung des Fiskusprivilegs im Insolvenzverfahren« zwei Milliarden Euro an Mehreinnahmen für den Bundeshaushalt »erspart« werden (das »Fiskusprivileg« sieht vor, dass im Falle einer Insolvenz der Fiskus an die erste Stelle der zu befriedigenden Gläubiger tritt). Mit der »Ab-

schaffung von Mitnahmeeffekten bei Energiesteuerver-
günstigungen« sollen zwischen 2011 und 2014 zusätzliche
5,5 Milliarden Euro eingenommen, Verzeihung, erspart
werden. Auch die »Verschiebung Berliner Schloss auf 2014«
(gemeint ist, dass die Zuschüsse des Bundes zum Wieder-
aufbau des Berliner Schlosses erst ab 2014 gezahlt werden
sollen, was eine »Ersparnis« von 400 Millionen Euro ein-
brächte) oder die erhoffte »Zinsersparnis durch NKA Reduktion« (darunter sind geringere Zinszahlungen aufgrund
einer niedriger als bisher geplanten Nettokreditaufnahme
zu verstehen) mit berechneten vier Milliarden Euro »Spar-
gewinn« gehören in das Programm der Meseberger Sparbeschlüsse. Ich bezweifle jedoch vehement, dass diese Maßnahmen wirklich zu einer Reduktion der Schulden führen,
wenn gleichzeitig an dem Ziel festgehalten wird, bis zum
Jahr 2013 allein 12 Milliarden Euro zusätzlich für Forschung, Bildung und Entwicklung bereitzustellen.

Diese Form der »Sparpolitik« war im Grunde genommen
nichts anderes als eine Fortsetzung der »Sparpolitik« der
Vorgängerregierungen. Wenn der Haushalt konsolidiert
werden soll, müssen eben die Staatseinnahmen gesteigert
werden. Auf diese Weise werden »Einsparungen« wie z.B.
eine geringere Neuverschuldung auf die Steuerzahler verla-
gert. Das wird natürlich so nicht offen ausgesprochen. Stattdessen brüstet sich die Politik damit, die Ausgaben stärker
zu kürzen als die Steuern zu erhöhen (*FAZ* vom 7.7.2006
»Mehr Vergangenheit, weniger Zukunft«).

Schon 2006 hatte die Regierung die Absicht verkündet, im
Jahr 2007 das Haushaltsdefizit deutlich zu vermindern. Und
womit sollte das erreicht werden? Durch eine Verbesserung

der Einnahmen! Diese sollten um gut 20 Milliarden Euro steigen, und dazu bedurfte es schon einer recht einschneidenden »Sparmaßnahme«. Sie gelang insbesondere mit der Erhöhung der Umsatz- oder Mehrwertsteuer von 16 auf 19 Prozent. Es war nichts anderes, als eine Konsolidierung des Staatshaushalts auf Kosten der Steuerzahler. Doch auch damals schon betonte der Finanzminister Peer Steinbrück, es habe zwar eine Steuererhöhung gegeben, doch seien auch die Ausgaben gekürzt worden. Das stimmt, nur bestand eine der von Steinbrück gepriesenen Ausgabenkürzungen darin, dass der Bund den Zuschuss zu den gesetzlichen Krankenkassen von 4,2 Milliarden Euro auf 2,5 Milliarden Euro kürzte. Was sich de facto wieder als eine Belastung des Steuerzahler, bzw. hier der Beitragszahler erweist, denn wenn der Staat Zuschüsse kürzt, hat das eine Erhöhung der Beitragssätze zur Folge, die in diesem Fall von 14,2 Prozent (2006) auf 14,8 Prozent (2007) anstiegen. Damit wurde alles in allem nicht nur auf Kosten der Steuerzahler, sondern auch auf Kosten der Beitragszahler »gespart«. »So ist nicht überall, wo Ausgabenkürzung draufsteht, dies auch drin«, resümiert die *FAZ* vom 7.7.2006.

Wer immer noch nicht sicher ist, was die Politik unter sparen versteht, dem sei der Inhalt eines Schreibens des Parlamentarischen Staatssekretärs im Bundesministerium der Finanzen, Karl Diller, vom 19.5.2006 nahegelegt. Auf die Fragen des Abgeordneten Carl-Ludwig Thiele, wie sich die Einsparvorschläge der Bundesregierung auf die Einnahmen- und die Ausgabenseite verteilen, antwortete Herr Diller: »Die Kürzungen aus der Ausgabenseite, die Anhebung von Steuersätzen und der Abbau von Steuervergünstigungen und steuerlichen Sonderregelungen führen zu einer Entlastung des Bundeshaushalts von nahezu 80 Milliarden Euro in den Jahren 2006 bis 2009. Rund zwei Fünftel davon entfallen auf Einsparungen auf der Ausgabenseite.«

In einem Interview mit der *FAZ* vom 24.6.2009 mit Bundesfinanzminister Peer Steinbrück antwortete er auf die Bemerkung, dass er lieber die Steuern erhöhen als die Ausgaben senken wolle und die einzig nennenswerte Kürzung die Streichung der Eigenheimzulage gewesen sei: »Die wollen ja einige schon wieder einführen. Oder nehmen Sie die Streichung der Entfernungspauschale, die hat mir das Bundesverfassungsgericht aus der Hand geschlagen.« Damit hatte sich Herr Steinbrück in meinen Augen demaskiert. Denn mit der, wie er es nannte, »Streichung der Entfernungspauschale« wollte er Mehreinnahmen von zirka 2,5 Milliarden Euro erzielen, was er bei der mündlichen Verhandlung vor dem Bundesverfassungsgericht in Karlsruhe am 10.9.2008 erläuterte, bei der ich persönlich anwesend war. Im Übrigen ging es nicht um die »Streichung der Entfernungspauschale«, sondern um die Begrenzung der Anzahl der Pendler, die die Entfernungspauschale steuerlich in Anspruch nehmen können. So sah die neue Regelung vor, dass nur noch jene Pendler die Entfernungspauschale in ihrer Steuererklärung geltend machen konnten, die mehr als 20 Kilometer zwischen Wohnung und Arbeitsstätte zurücklegen mussten. Auch ist es nicht ganz richtig, dass das Bundesverfassungsgericht dem Finanzminister die »Streichung« aus der Hand geschlagen hat. Vielmehr war für das Gericht die Neuregelung von § 9 Abs. 2 des Einkommensteuergesetzes (der die geänderte Inanspruchnahme der Pendlerpauschale betraf) mit Artikel 3 des Grundgesetzes (Gleichheitsgrundsatz) nicht vereinbar, also verfassungswidrig. Die Urteilsverkündung fand am 9.12.2008 ein riesiges Medieninteresse. Über dieses Urteil habe ich mich persönlich besonders gefreut. Denn ich war schon nach den ersten bekannt gewordenen Absichtserklärungen, die Inanspruchnahme der Entfernungspauschale neu zu regeln, fest davon überzeugt, dass das verfassungswidrig ist. Mehrfach habe ich die Bundesregierung aufgefordert, die Neuregelung zurückzunehmen, bevor das Bundesverfassungsgericht ihr eine »schallende Ohrfeige« verpasste. Aber die Aussicht auf die ersehnten Mehreinnahmen machten den Bundesfinanzminister taub gegen Mahnungen. In einem anderen Zusammenhang hatte er bereits geäußert, er könne nicht den ganzen Tag auf »irgendwelche Experten« eingehen (*FAZ* vom 24.6.2006). »Wer nicht hören will, muss fühlen«, war meine Reaktion auf die ablehnende Haltung.

Oder nehmen wir eine Bemerkung von Peter Altmaier, zum Zeitpunkt des Interviews Parlamentarischer Geschäftsführer der CDU/CSU-Bundestagsfraktion, vom 13.11.2010 im Deutschlandradio. Altmaier sprach hier im gleichen Atemzug von einem »sehr ausgeglichenen Sparhaushalt«, der »mit Belastungen auch für Besserverdienende, mit Belastungen auch für Unternehmen« verbunden sei. Gespart wird hier, indem man sich das Geld dieses Mal bei den Besserverdienenden und Unternehmern nimmt.

Und dann gibt es da eine besonders schöne Variante, die das Wort »sparen« noch einmal um eine neue Bedeutung bereichert. Ebenfalls in einem Interview des Deutschlandradios sagte der Vorsitzende der SPD Sigmar Gabriel am

26.11.2010: »Wir müssen auch bei uns in unseren Haushalten sparen, weil wir mehr Geld für Bildung ausgeben müssen, mehr Geld für Integrationsausgaben.« Soll heißen: Wir sparen, um Ausgaben im Haushalt umzuverteilen. Damit sinken die Ausgaben natürlich nicht – sie tauchen nur in der Abrechnung einer anderen Kostenstelle auf. Ähnlich auch Gerhard Schröder, ehemaliger Bundeskanzler, in einem Interview am 7.4.2001 im *Tagesspiegel*: »Wir sparen ja nicht aus Selbstzweck. Wir haben die Sparsamkeit auch zu neuer Prioritätensetzung genutzt. Der Haushalt für Forschung und Entwicklung hat bei annähernd 16 Milliarden Mark teilweise zweistellige Steigerungsraten. Das kann sich doch sehen lassen. Da sind wirklich im Sparen neue Prioritäten gesetzt worden. Wir müssen diesen Konsolidierungskurs beibehalten.« Fürwahr, da werden dem Wort »sparen« ungeahnte neue Dimensionen verliehen!

Natürlich ist es angenehmer, sich vor den Wählerinnen und Wählern als sparsamer Haushälter zu zeigen, als ihnen offen zu sagen, dass Steuern erhöht, neue Steuern eingeführt oder Umschichtungen im Haushalt vorgenommen werden. Es ist ein Trick, all diese Maßnahmen als Schritte im Rahmen eines strikten Sparkurses zu verkaufen. Mit tatsächlichen Ausgabenkürzungen haben sie nichts zu tun. Der Entwurf des Bundeshaushalts 2012 sah ein Ausgabenvolumen von 306 Milliarden Euro vor. Damit war beabsichtigt, 2012 ein wenig mehr auszugeben als 2011. Sparen, angeblich stets das Ziel, sieht anders aus – es würde Ausgabenkürzungen erfordern, die in Zahlen sichtbar sind. Doch das Gegenteil ist der Fall: bis 2015 sollen die Bundesausgaben auf bis zu 315 Milliarden Euro weiter steigen. Damit

würden die Bundesausgaben seit 2005 um 55 Milliarden
Euro anwachsen. Gerade in Zeiten guter Konjunktur müssten jedoch echte Einsparungen vorgenommen werden, um
insbesondere die Neuverschuldung stärker als geplant zu
reduzieren. Ausdruck dafür sind die allein auf den Bund zukommenden Zinszahlungen, die von 34,5 Milliarden Euro
in 2012 auf 49 Milliarden Euro in 2015 anwachsen sollen.
Während die Steuereinnahmen des Bundes zwischen 2012
und 2015 von 249,7 Milliarden Euro auf 275,7 Milliarden
Euro wachsen, also um 26 Milliarden Euro, steigen die Kre-
ditmarktschulden von 1347,8 Milliarden Euro in 2012 auf
1406,1 Milliarden Euro im Jahr 2015, also um 58,3 Milliarden Euro. Damit haben wir den Punkt erreicht, an dem die
Schulden in einem Tempo zunehmen, das mit Steuermehreinnahmen nicht mehr einzuholen ist. Die Entwicklung der
Finanzen hat sich völlig verselbstständigt, die Politik läuft
nur noch hinterher.

Die neue Interpretation des Sparbegriffs scheint indessen
kein ausschließlich deutsches Phänomen zu sein. »Wenngleich die europäische Haushaltskrise vor allem eine Aus-
gabenkrise darstellt, werden die notwendigen haushal-
terischen Konsolidierungsmaßnahmen nicht nur über Ausgabenkürzungen, sondern auch über Steuererhöhungen
vorgenommen werden«, stellte das Institut Finanzen und
Steuern e.V. im Mai 2012 für ganz Europa fest.[24]

Wer nun einwenden will, in der Politik gelten eben grundsätzlich andere Maßstäbe, auch für die Sprache, der sei auf
die Geschichte der Bundesrepublik verwiesen: Der erste
Bundesfinanzminister, Fritz Schäffer, erwirtschaftete bis
1957 durch eine sparsame Haushaltspolitik nennenswerte

Überschüsse. Die von ihm angesparten Mittel gingen als Juliusturm in den Sprachgebrauch ein, benannt nach der Zitadelle in Berlin-Spandau, in der seit 1871 der Reichsschatz aufbewahrt worden war. Seither ist mehr als ein halbes Jahrhundert vergangen. In dieser Zeit hat der Sparbegriff in der Politik einen Bedeutungswandel erfahren, der dem politischen Opportunismus dient, anstatt finanzpolitische Wirklichkeit zu beschreiben. Der Staat ist jedoch keine Kuh, die im Himmel Gras frisst und auf Erden Milch gibt. Das Gras, sprich die Steuern und Abgaben, frisst er auf der Erde. Wer vom Sparen spricht und damit höhere Staatseinnahmen meint, der hintergeht diejenigen, die den Staat finanzieren, die Bürgerinnen und Bürger und die Wirtschaft.

9 KAMPF GEGEN WINDMÜHLEN-FLÜGEL?

Eine Frage zieht sich wie ein roter Faden durch meine Amtszeit als Präsident des Bundes der Steuerzahler: »Fühlen Sie sich nicht wie ein Don Quijote, der einen vergeblichen Kampf gegen die Verschwendung von Steuergeldern führt?« Ich habe das immer verneint und den Hinweis auf Don Quijote zurückgewiesen.

All jene, die mich auf den Kampf gegen Windmühlenflügel ansprechen, halten die Verschwendung von Steuergeldern offenbar für ein unvermeidbares Übel. Wer versucht, etwas dagegen zu unternehmen, dem blüht das Schicksal des Ritters von der traurigen Gestalt, wie Don Quijote sich selbst nennt. Er führt eine aussichtslose Auseinandersetzung gegen übermächtige Kräfte. Ich bin jedoch davon überzeugt, dass der Vergleich in mehrerer Hinsicht unzutreffend ist.

Während Don Quijote zu wissen glaubt, dass Riesen sich durch einen bösen Zauber in Windmühlen verwandelt haben, kommt die Verschwendung von Steuergeldern sicherlich nicht durch Magie zustande. Auch wenn oftmals merkwürdige Dinge mit Steuergeldern geschehen, sind es keine Zauberkräfte, die dies bewirken. Vielmehr steht das Versagen derjenigen dahinter, die sich von den steten Aufforderungen, sparsam und verantwortungsvoll mit Steuergeldern umzugehen, ebenso wenig beeindrucken lassen wie Don Quijote von den Warnungen des Sancho Pansa.

Darüber hinaus verstand ich meine Arbeit nicht als »Kampf«, fühlte mich nie in einer »Schlacht« mit einem Gegner, der mir »über die Klinge springen« sollte. Auch wenn ich immer wieder forderte, Steuergeldverschwender zu bestrafen, so war mein Anliegen in der Hauptsache nicht gegen Personen gerichtet, sondern auf den Schutz von Steuergeldern vor Missbrauch und Verschwendung.

Vor allem aber wehre ich mich gegen den Vergleich mit Don Quijote, weil ich einen sorgsameren und verantwortungsvolleren Umgang mit Steuergeldern nicht für ein unerreichbares Ziel halte. Es ist fast ausschließlich eine Frage des Bewusstseins, und eben dieses Bewusstsein gilt es immer wieder zu schärfen. Angesichts der sich in immer schnellerem Wandel befindenden gesellschaftlichen, ökonomischen und ökologischen Verhältnisse sehen wir uns immer größeren finanziellen Herausforderungen gegenüber. Ich denke unter anderem an die auf die öffentlichen Haushalte zukommenden Pensionslasten, die Folgen des demografischen Wandels (Elterngeld und Betreuungsgeld, Ausbau der Kindertagesstätten u.v.m.), die Kosten der Energiewende oder die zunehmenden internationalen Aufgaben vor allem, aber nicht nur im militärischen Bereich. Mit diesen zusätzlichen Belastungen geht die Verpflichtung der Bundesländer einher, ab 2020 keine neuen Schulden mehr aufzunehmen (Schuldenstopp), sowie die Zusage des Bundes, sich ab 2016 nur noch mit maximal 0,35 Prozent des Bruttoinlandsproduktes pro Jahr zu verschulden (Schuldenbremse). Man darf gespannt sein, ob künftige Regierungen in Bund und Ländern diese im Grundgesetz verankerte Verpflichtung einhalten werden, die im Übrigen auch für die Gemeinden gelten sollte. Deshalb fordere ich alle gesellschaftlichen Kräfte auf, mit ihrer ganzen Aufmerksamkeit über die Einhaltung von Schuldenbremse und Schuldenstopp zu wachen. Es gilt, dafür zu sorgen, dass sie nicht mit Tricks und Ausflüchten umgangen und so erneut verfassungswidrige Haushalte verabschiedet werden, wie dies bereits mehrmals in der Vergangenheit der Fall war.

Anders als Don Quijote führte ich meine Angriffe nicht alleine aus. Ich konnte mich auf viele verlassen, die mich unterstützten, manches Mal auch warnten, nicht zu ungestüm vorzugehen, oder mich aufforderten, es »denen«, wer auch immer damit gemeint war, »mal richtig« zu zeigen, was auch immer damit gemeint war. Aber genauso, wie ich mich immer dagegen verwahrt habe, alle Steuerzahler unter den Generalverdacht der Steuerhinterziehung zu stellen, habe ich nicht alle Politiker oder alle Beamte unter Generalverdacht der Steuergeldverschwendung gestellt.

Man mag an einen Kampf gegen Windmühlenflügel denken angesichts der Tatsache, dass ich Jahr für Jahr bei zahlreichen Gelegenheiten meine Stimme erheben musste, um auf immer neue Beispiele von Steuergeldverschwendung hinzuweisen. Mag sein, dass sich so der Eindruck verfestigt, trotz der immer wieder aufflammenden öffentlichen Empörung ändere sich nichts. Leider gelang es zu selten, die Medien auch für eine Berichterstattung über jene Beispiele zu interessieren, die in den Schwarzbüchern als Erfolge aufgeführt werden. Wenn die Presse über solche Erfolgsfälle wie auch die Inhalte der sogenannten Ergebnisberichte der Rechnungshöfe berichten würde, dann würden die Reaktionen und Kommentare auf die Schwarzbücher oder die Rechnungshofberichte deutlich positiver ausfallen. In die Ergebnisberichte fließen nämlich auch Informationen darüber ein, wie ein von den Rechnungshöfen kritisierter Sachverhalt sich weiterentwickelt. Viele der Fälle werden über einen längeren Zeitraum beobachtet, ihre Fortsetzung findet in die darauffolgenden Berichte und Schwarzbücher Eingang, und oft gibt es auch Erfreuliches zu berichten: dass die kritisierten Behörden oder Ministerien die aufgedeckten Missstände klären oder korrigieren konnten.

Das war nicht immer so und ich sehe es als Zeichen für einen Bewusstseinswandel in Bezug auf die politische Kontrolle. Während einerseits dieses Bewusstsein zunimmt, wurden andererseits auch die Versuche vehementer, meine Arbeit zu diskreditieren und das Problem der öffentlichen Verschwendung kleinzureden. Beide Tendenzen haben mich immer nur angespornt, insbesondere vor dem Hintergrund der wachsenden Verschuldung der öffentlichen Haushalte. Zu oft habe ich mir anhören müssen, dass wir endlich Schluss machen sollten mit den Schwarzbüchern. Wieder und wieder wurde mir gesagt, dass die kritische Begleitung von öffentlichen Ausgaben zwar eine wichtige Aufgabe in einem Rechtsstaat darstelle, dass der von mir verursachte Medienrummel jedoch nur die Staatsverdrossenheit schüre. Dann brauchte ich nur darauf zu warten, dass die Bezeichnung von den »selbsternannten Steuerwächtern« fiel.

In solchen Momenten wurde ich immer hellwach und dachte: »Hoppla, was soll das denn? Will mich da jemand an meine Pflicht erinnern, ein braver Staatsbürger zu sein nach dem Motto: ›Bet'‹ und arbeit' Sei nicht faul – Bezahl deine Steuern und halt's Maul!‹?« (Inschrift auf der Außenwand der historischen Wappenschmiede in Pleisweiler bei Bergzabern).

Wer den Kopf in den Sand steckt, hat schon verloren. Ausschließen kann ich nicht, dass eines Tages keine Steuergelder mehr verschwendet werden. Auch kann ich mir nicht vorstellen, dass eines Tages wieder jene Tugenden in die öffentlichen Verwaltungen einziehen werden, von denen mir ganz zu Beginn meiner Berufstätigkeit erzählt worden war. Danach sollen preußische Beamte, wenn sie ihre Arbeit nach dem offiziellen Dienstschluss noch fortsetzten, weil sie die ihnen aufgetragenen Aufgaben noch nicht vollständig erledigt hatten, nicht nur ihr privates Petroleum in die Schreibtischlampe gegossen und ihre private Tinte benutzt, sondern auch die »staatlichen« gegen ihre privaten Ärmelschoner ausgetauscht haben. Einen Beleg für diese Anekdote habe ich nicht gefunden. Aber selbst wenn sie erfunden sein sollte – wäre es nicht erstrebenswert, sich an diese Haltung wieder zu erinnern?

DANK

Großen Dank für die Entstehung dieses Buches schulde ich Dr. Kerstin Lücker, die mich mit behutsamer Konsequenz durch das Manuskript begleitet und damit ganz wesentlich dazu beigetragen hat, dass der Abgabetermin eingehalten werden konnte.

Ebenso danke ich Constanze Tyrell, Matthias Warneke, Sebastian Panknin und Oliver Stuchel für ihren vielfältigen sachlichen Rat und ihre Mithilfe bei mancher Recherche.

Die Idee zu diesem Buch verdanke ich dem Heyne Verlag, der mich zudem darin bestärkte, auch persönliche Erfahrungen aus meiner Tätigkeit in den Text einfließen zu lassen.

Karl Heinz Däke
Berlin, im Oktober 2012

QUELLENANGABEN

1 www.spiegel.de/spiegel/print/d-49612723.html vom 20.11.2006 (letzter Aufruf 7.7.2012) www.spiegel.de/wirtschaft/kinder-in-indien-klopfen-steine-fuer-deutschland-a-823128.html vom 26.3.2012 (letzter Aufruf 7.7.2012)

2 www.ndr.de/regional/hamburg/goodallunilever101.html (letzter Aufruf 7.7.2012)

3 www.ndr.de/regional/hamburg/goodallunilever101.html (letzter Aufruf 7.7.2012)

4 *Focus* vom 3.7.1995, BERLIN: Kohl will Reichstag umbenennen – weiter lesen auf *FOCUS-ONLINE*: www.focus.de/politik/deutschland/berlin-kohl-will-reichstag-umbenennen_aid_156177.html (letzter Aufruf 7.07.2012)

5 Genauer: die kreiseigene Kreisversorgungsbeteiligungsgesellschaft mbH auf Betreiben des CDU-Landrates Peter Walter

6 EuGH, Rechtssache C-440/03

7 »Fröhliches Schuldenmachen in Deutschland« von Matthias Benz, *NZZ* vom 15.5.2012

8 Zum Beispiel: *ARD* – Report München vom 11.1.2012, *taz*: »Abteilungsleiterin ohne Vorwissen« vom 11.1.2012, *Spiegel Online*: »Niebels Personalpolitik empört die CDU«, vom 12.1.2012 u.v.a.

9 *Süddeutsche Zeitung* vom 13.7.2011, Quelle: http://www.sueddeutsche.de/bayern/buergermeister-pension-gestrichen-aufgefuehrt-wie-ein-provinzfuerst-1.1119936 (letzter Aufruf 7.7.2012)

10 Hier und im Folgenden siehe auch http://www.schwentinental-inside.de/frames/archiv/helix-turmfisch-pass.htm sowie http://

www.schwentinental-inside.de/frames/tourismus/Wasserkraft-werk_II.htm (letzte Aufrufe 7.7.2012)

11 Quelle: Raesfeld Online http://www.gemeinde-raesfeld.de/ma-gazin/artikel.php?artikel=1205&type=&menuid=21&topme nu=233 (letzter Aufruf 7.7.2012). (Im April 2011 beschloss der Gemeinderat, beim Verfassungsgerichtshof NRW eine Verfas-sungsbeschwerde gegen das GFG zu erheben.)

12 In: *Die volkswirtschaftliche Einkommensbelastungsquote*, Schrif-tenreihe der Studienschwerpunkte, Trier 2008

13 Quelle: *Der Steuerzahler*, Jg. 2000, Heft 6, S. 109

14 u.a. Wolfgang Göke: »Staatsverschuldung«, in *Zeitschrift für Ge-setzgebung*, 2006

15 *Focus* 23/2012, S. 32 f u. auch »Steuererhöhungen zur Haushalts-konsolidierung – ein Irrweg«, Karl-Bräuer-Institut des Bundes der Steuerzahler 2012

16 Drucksache 15/21 des Deutschen Bundestages

17 Drucksache 15/119 des Deutschen Bundestages

18 *FAZ* vom 26.11.2003: »Die Wandlung des Hans Eichel«, S. 15

19 Rolf Peffekoven: »Steuerehrlichkeit und Steuergerechtigkeit«, Wirtschaftsdienst S. 223–236, hier S. 225

20 S. dazu umfangreiche und vielfältige Untersuchungen und Ver-öffentlichungen von G. Schmölders, u.a. »Finanz- und Steuer-psychologie, erweiterte Neuauflage von »Das Irrationale in der öffentlichen Finanzwirtschaft«, Hamburg 1970

21 Hans Eichel am 15.9.1999 vor dem Deutschen Bundestag, Proto-koll der 54. Sitzung der 14. Wahlperiode

22 Presseinformation der Taxpayers Association of Europe (TAE) vom 21.3.2011, Arbeitspapier der TAE: »Was EU-Kommissarin Viviane Reding für den europäischen Steuerzahler getan hat«

23 Viviane Reding: »Die EU-Kommission und der Steuerzahler: eine natürliche Allianz im Interesse gesunder öffentlicher Finan-zen«

24 »Trends und Zukunftsfragen der Steuer- und Finanzpolitik in Deutschland und Europa«, Berlin, Mai 2012